ΤΑΞΙΔΙ ΣΤΟ ΝΗΣΙ ΤΗΣ ΦΑΝΤΑΣΙΑΣ

ΤΙΤΛΟΣ ΠΡΩΤΟΤΥΠΟΥ: NIM'S ISLAND
Από τις Εκδόσεις Allen & Unwin, Αυστραλία 1999
ΤΙΤΛΟΣ ΒΙΒΛΙΟΥ: **Ταξίδι στο νησί της φαντασίας**
ΣΥΓΓΡΑΦΕΑΣ: Wendy Orr
ΜΕΤΑΦΡΑΣΗ: Ρένα Ρώσση-Ζαΐρη
ΕΠΙΜΕΛΕΙΑ – ΔΙΟΡΘΩΣΗ ΚΕΙΜΕΝΟΥ: Χρυσούλα Τσιρούκη
ΗΛΕΚΤΡΟΝΙΚΗ ΣΕΛΙΔΟΠΟΙΗΣΗ: Ελένη Σταυροπούλου
ΕΚΤΥΠΩΣΗ: Σταμάτιος Κοτσάτος & ΣΙΑ Ο.Ε.
ΒΙΒΛΙΟΔΕΣΙΑ: Κωνσταντίνα Παναγιώτου & ΣΙΑ Ο.Ε.

Πρώτη έκδοση: Μάιος 2008, 2.000 αντίτυπα
Τρίτη ανατύπωση: Απρίλιος 2009

ISBN 978-960-453-402-9

Τυπώθηκε σε χαρτί ελεύθερο χημικών ουσιών, προερχόμενο αποκλειστικά και μόνο από δάση που καλλιεργούνται για την παραγωγή χαρτιού.

ΕΚΔΟΣΕΙΣ ΨΥΧΟΓΙΟΣ Α.Ε.
Έδρα: Τατοΐου 121
144 52 Μεταμόρφωση
Βιβλιοπωλείο: Μαυρομιχάλη 1
106 79 Αθήνα
Τηλ.: 2102804800
Telefax: 2102819550
www.psichogios.gr
e-mail: info@psichogios.gr

PSICHOGIOS PUBLICATIONS S.A.
Head office: 121, Tatoiou Str.
144 52 Metamorfossi, Greece
Bookstore: 1, Mavromichali Str.
106 79 Athens, Greece
Tel.: 2102804800
Telefax: 2102819550
www.psichogios.gr
e-mail: info@psichogios.gr

Σειρά
ΛΩΤΟΣ

ΓΟΥΕΝΤΙ ΟΡ

ΤΑΞΙΔΙ ΣΤΟ ΝΗΣΙ ΤΗΣ ΦΑΝΤΑΣΙΑΣ

Μετάφραση:
Ρένα Ρώσση-Ζαΐρη

ΤΡΙΤΗ ΑΝΑΤΥΠΩΣΗ

ΨΥΧΟΓΙΟΣ

Η **ΓΟΥΕΝΤΙ ΟΡ** ζει στην Πενίνσουλα με το σκύλο της και την οικογένειά της. Γεννήθηκε στον Καναδά και μεγάλωσε παρέα με αμέτρητα κατοικίδια ζώα, σε διάφορα μέρη της Βόρειας Αμερικής και της Γαλλίας. Κάποτε, σε ένα από τα πολλά ταξίδια της, τα σκυλιά φόρεσαν σωσίβια, αλλά τα ινδικά χοιρίδια αναγκάστηκαν να ταξιδέψουν μέσα στα κλουβιά τους.

Έχει τιμηθεί με πολλά βραβεία για τα βιβλία της, ανάμεσα στα οποία και για ΤΟ ΤΑΞΙΔΙ ΣΤΟ ΝΗΣΙ ΤΗΣ ΦΑΝΤΑΣΙΑΣ.

Ευχαριστώ τους γονείς μου που έψαξαν τα ημερολόγια
και τα άλμπουμ με τις φωτογραφίες τους, για να με
βοηθήσουν να φτιάξω το Ταξίδι στο νησί της φαντασίας.
Ευχαριστώ ολόκληρη την οικογένειά μου, φίλους
και γνωστούς από το Διαδίκτυο, που απάντησαν
στις παράξενες ερωτήσεις μου για τις καρύδες,
τα κοχύλια που σφυρίζουν και
τα σπασμένα πηδάλια.

Γ Ο.

Όχι υπό κλίμακα

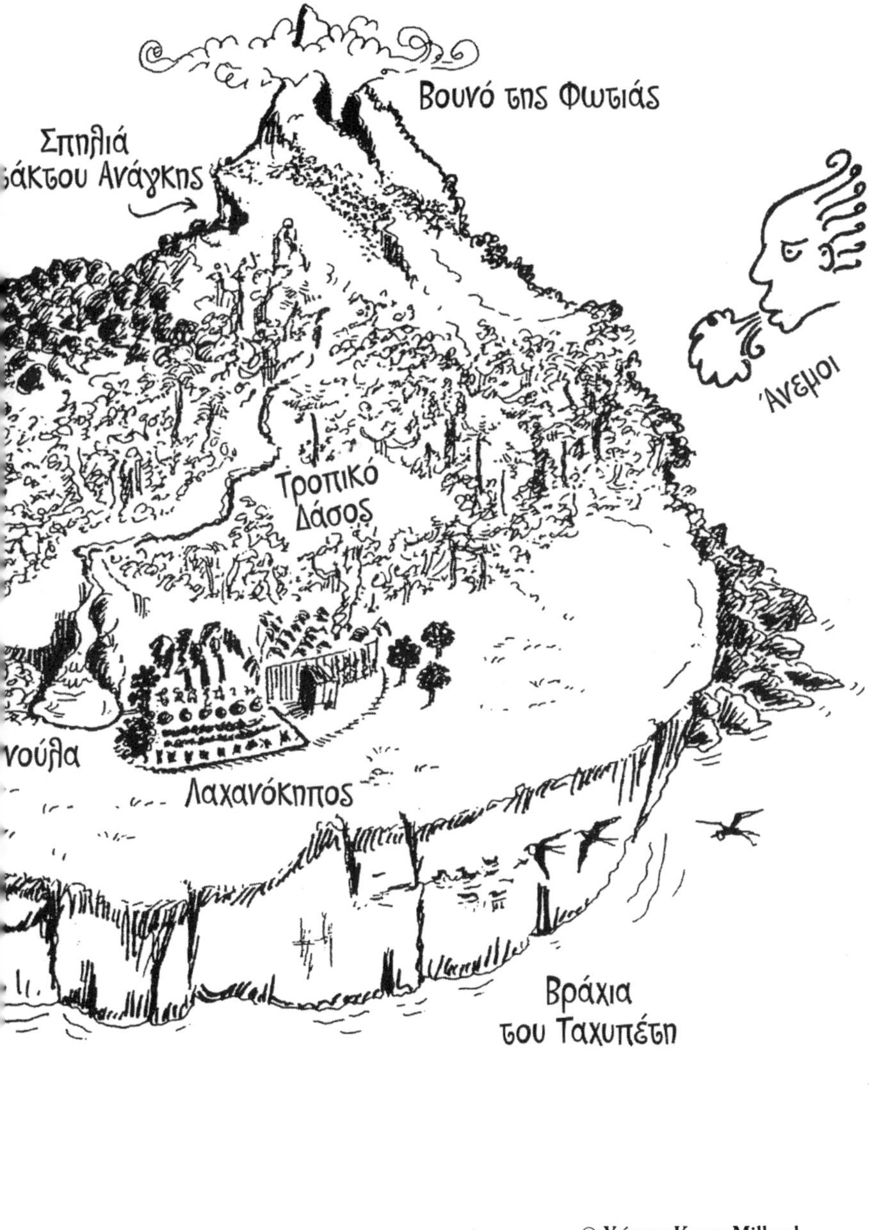
Βουνό της Φωτιάς
Σπηλιά
Ανάγκης
Άνεμοι
Τροπικό Δάσος
Λαχανόκηπος
Βράχια του Ταχυπέτη

1

ΣΕ ΕΝΑ ΝΗΣΙ, πάνω σε ένα φοίνικα, στη μέση της γαλάζιας θάλασσας, βρισκόταν ένα κορίτσι.

Τα μαλλιά της Νιμ ήταν μπερδεμένα, τα μάτια της φωτεινά. Γύρω από το λαιμό της κρέμονταν τρεις χοντροί σπάγγοι. Ένας για τα κιάλια, ο άλλος για το κοχύλι-σφυρίχτρα κι ένας ακόμα πιο χοντρός για τη θήκη του μικρού, κόκκινου μαχαιριού της.

Είχε κολλήσει τα κιάλια στα μάτια της και παρακολουθούσε τον μπαμπά της που είχε βάλει πλώρη για το βαθύ, σκοτεινό ωκεανό. Ο Τζακ γύρισε για να τη χαιρετήσει. Του ανταπέδωσε το χαιρετισμό και η Νιμ, παρόλο που ήξερε πως δεν μπορούσε πια να τη δει.

Ύστερα τα άσπρα του πανιά φούσκωσαν με τον άνεμο και τον πήραν μαζί τους και η Νιμ δεν τον έβλεπε πια. Για τρεις ολόκληρες μέρες και τρεις νύχτες, ό,τι κι αν γινόταν, ό,τι κι αν χρειαζόταν, θα το αντιμετώπιζε μόνη της.

— Κι αυτό που χρειαζόμαστε πρώτα από όλα, μονολόγησε, είναι πρωινό!

Έτσι, πέταξε τέσσερις ώριμες καρύδες στην άμμο —*μπαμ!*— και τις ακολούθησε.

Έπιασε το κοχύλι της και σφύριξε δύο μακρόσυρτες, διαπεραστικές νότες που ταξίδεψαν μακριά ως τον ύφαλο, εκεί όπου αναζητούσαν την τροφή τους τα θαλάσσια λιοντάρια. Η Σέλκι έβγαλε το κεφάλι της έξω από το νερό. Στο στόμα της κρατούσε ένα ψάρι, αλλά το κατάπιε γρήγορα και βούτηξε με κατεύθυνση προς την παραλία.

Ο Φρεντ έφτασε σαν αστραπή από ένα βράχο δίπλα στην καλύβα. Ήταν ένα ιγκουάνα, αγκαθωτό σαν δράκος, με μια αστεία, κοντόχοντρη μύτη.

— Ήρθες για να μου πεις «καλημέρα», ζήτησε να μάθει η Νιμ, ή για να φας πρωινό;

Ο Φρεντ κοίταξε τις καρύδες. Ήταν ένα ιγκουάνα που έλεγε πάντα την αλήθεια.

Οι καρύδες θέλουν κόλπο για να ανοίξουν. Η Νιμ όμως ήταν ειδική σε αυτό. Με μια πέτρα κι ένα καρφί άνοιξε μια τρύπα και ήπιε το χυμό, έσπασε το κέλυφος και ξεκόλλησε τη σάρκα. Ο Φρεντ άρπαξε το κομμάτι του και το καταβρόχθισε.

Τα ιγκουάνα της θάλασσας δεν τρώνε καρύδες. Αλλά αυτό δεν το είχε πει κανένας στο Φρεντ.

Η Σέλκι έβγαινε τώρα με παφλασμό στην παραλία, έτοιμη να τους χαιρετήσει, αλλά τότε η Νιμ φώναξε:

— Θα σου κάνουμε παρέα! και βούτηξε από τα βράχια στη θάλασσα.

Η Σέλκι έστριψε και βούτηξε κι αυτή στο νερό, γλιστρώντας κοντά στη Νιμ, χτυπώντας την απαλά, βουτώντας από κάτω της. Η Νιμ κόλλησε σφιχτά πάνω της, δίνοντας την εντύπωση πως ήταν η μισή φώκια και η μισή κορίτσι· λες κι ήταν μέρος του ωκεανού.

Ύστερα η Σέλκι κι ο Φρεντ ξάπλωσαν σε ένα βράχο για να λιαστούν και η Νιμ γύρισε στην καλύβα. Γέμισε ένα κύπελλο νερό από το αγαπημένο της μπλε μπουκάλι, βούρτσισε τα δόντια της, έφτυσε το νερό στο χορτάρι για να μην πάει χαμένο κι άρχισε τις δουλειές της μέρας. Είχε ένα σωρό πράγματα να κάνει σήμερα, γιατί έπρεπε να αντικαταστήσει και τον μπαμπά της.

Παλιά, όταν η Νιμ ήταν μωρό, δεν είχε μόνο τον Τζακ αλλά και τη μαμά της. Μια μέρα όμως, η μαμά της πήγε να εξετάσει το περιεχόμενο του στομαχιού μιας γαλάζιας φάλαινας. Ήταν ένα πείραμα με μεγάλο ενδιαφέρον, κάτι που δεν είχε τολμήσει κανένας για χιλιάδες χρόνια, κι ο Τζακ πίστευε πως δε διέτρεχε κανένα κίνδυνο. Όλα κυλούσαν μια χαρά, ως τη στιγμή που έτρεξαν να βιντεοσκοπήσουν το γεγονός οι Τουρίστες Τροπικών Νησιών. Φώναζαν κι έκαναν κύκλους με τις μεγάλες ροζ και μοβ βάρκες τους γύρω από τη μαμά της Νιμ και τη φάλαινα. Όταν ο Τζακ τους ζήτησε να σταματήσουν, του έκαναν αγενείς γκριμάτσες κι άρχισαν να κουτουλάνε με τις βάρκες τους τη μύτη της φάλαινας.

Η φάλαινα πανικοβλήθηκε και βούτηξε βαθιά, τόσο βαθιά, που κανένας δεν έμαθε πού πήγε ή αν ξαναβγήκε στην επιφάνεια.

Η μαμά της Νιμ δεν ξαναγύρισε ποτέ.

Ο Τζακ πήρε το μωρό του και το ιστιοφόρο του κι άρχισε να διασχίζει τις θάλασσες. Έκανε κύκλους. Ξανά και ξανά. Μπορεί να εμφανιζόταν στα ξαφνικά η μαμά της Νιμ. Μπορεί να έβγαινε και πάλι στην επιφάνεια της θάλασσας κάπου αλλού και να μην μπορούσε να τον ξαναβρεί. Κι ύστερα, μια μέρα, όταν το μωρό του μεγάλωσε κι έγινε μικρό κορίτσι, βρήκε αυτό το νησί.

Ήταν το ομορφότερο νησί του κόσμου. Είχε κάτασπρες αμμουδιές γεμάτες κοχύλια, χρυσαφένια άμμο και μαύρα βράχια, όπου οι σταγόνες της βροχής πετούσαν ουράνια τόξα στον ουρανό. Είχε βουνά στο χρώμα της φωτιάς, γεμάτα καταπράσινα τροπικά δάση στις βουνοπλαγιές και λιβάδια στις παρυφές. Υπήρχαν λιμνούλες με γάργαρο, πόσιμο νερό, ένας καταρράκτης για βουτιές και σε ένα κρυφό βαθούλωμα, όπου τα λιβάδια συναντούσαν τις κάτασπρες γεμάτες κοχύλια αμμουδιές, υπήρχε ένα μέρος για να στηθεί καλύβα.

Γύρω γύρω, για να μην μπορούν να χωρέσουν παρά μόνο μικρούλικες βάρκες, υπήρχε ένας στριφογυριστός λαβύρινθος από υφάλους με άσπρα βράχια από τη μια μεριά και μαύρα από την άλλη.

Ο Τζακ έβαλε τελευταία φορά πλώρη για μια πόλη. Γέμισε το ιστιοφόρο του με σπόρους για να φτιάξει ένα λαχανόκηπο, εξοπλισμό για τα επιστημονικά του πειράματα, έριξε άγκυρα στο νησί κι άρχισε να χτίζει ένα σπίτι για τον ίδιο και την κορούλα του. Τώρα πια ήξερε πως η μαμά της Νιμ είχε μείνει για πάντα στο βυθό της θάλασσας.

Σαν γοργόνα, σκεφτόταν η Νιμ.

Ο Τζακ έχτισε μια καλύβα με ξύλα που βρήκε από τη θάλασσα και γερά κλαδιά, φοινικοσκεπή και χωμάτινο δάπεδο. Η καλύβα διέθετε δορυφορική κεραία, ηλιακό συλλέκτη για να γεμίζουν οι μπαταρίες, κινητό τηλέφωνο και φορητό υπολογιστή.

Ύστερα έφτιαξε στρώματα παραγεμισμένα με τριζάτα φύλλα φοινικιάς, ένα τραπέζι και δύο σκαμνιά, ένα γραφείο, βιβλιοθήκες, ράφια για το επιστημονικό του υλικό, κύπελλα από κελύφη καρύδας και πιάτα από μεγάλα κοχύλια. Έφτιαξε έναν κήπο με λαχανικά, πήρε κατάλληλο χώμα από τις παρυφές του Βουνού της Φωτιάς και φύτεψε αβοκάντο, μπανάνες, μαρούλια, πορτοκάλια, ανανάδες, φράουλες, γλυκοπατάτες, ντομάτες, μπαμπού για να φτιάχνει πίπες κι άλλα χρήσιμα.

Ύστερα έπεσε με τα μούτρα στις έρευνές του κι όταν η Νιμ μεγάλωσε λιγάκι, άρχισε να τον βοηθάει. Διάβαζαν ό,τι έλεγε το βαρόμετρο, μετρούσαν κάθε μέρα το ύψος των βροχοπτώσεων, τη δύναμη των ανέμων, την ανώτατη στάθμη της πλημμυρίδας, την κατώτατη στάθμη της άμπωτης. Σημείωναν τις μετρήσεις τους σε έναν καθαρό, άσπρο πίνακα με σαγρέ επιφάνεια.

Μελετούσαν τα φυτά που φύονταν στο νησί και τα ζώα που ζούσαν εκεί. Τοποθετούσαν μπλε λωρίδες στα πόδια των πουλιών και κατέγραφαν τους αριθμούς, για να μπορεί να θυμάται ο Τζακ τα γενέθλιά τους και ποιοι ήταν οι μπαμπάδες και οι μαμάδες τους. (Η Νιμ το θυμόταν έτσι κι αλλιώς.)

Μερικές φορές ο Τζακ έγραφε άρθρα για τον καιρό, τα φυτά και τα ζώα, και τα έστελνε σε επιστημονικά περιοδικά και πανεπιστήμια, κι άλλες φορές πάλι του έστελναν κι εκείνοι διάφορες ερωτήσεις στις οποίες απαντούσε. Τους ενημέρωνε για τις τροπικές καταιγίδες, για τα ιγκουάνα και τα φύκια, αλλά δεν τους αποκάλυψε ποτέ πού βρισκόταν το νησί. Οι Τουρίστες Τροπικών Νησιών δεν έπρεπε να το ανακαλύψουν. Ο Τζακ τους μισούσε αυτούς τους τουρίστες. Τους μισούσε χειρότερα κι από τα φίδια της θάλασσας κι από τους σκορπιούς. Μόνο το τροφοδοτικό πλοίο, το οποίο κατέφτανε μία φορά το χρόνο, τους προμήθευε με βιβλία και χαρτί, αλεύρι και μαγιά, καρφιά κι ύφασμα, καθώς και διάφορα άλλα πράγματα που δεν μπορούσαν να κατασκευάσουν μόνοι τους. Μόνο αυτό το πλοίο ήξερε πού έμεναν. Ήταν πολύ μεγάλο για να βρει το δρόμο του ανάμεσα στον ύφαλο, έτσι ο Τζακ κι η Νιμ το συναντούσαν στη θάλασσα. Ο καπετάνιος του δεν μπορούσε να θαυμάσει την απίστευτη ομορφιά του νησιού.

Κάθε μέρα, όσο ενθουσιασμένος κι αν ήταν ο Τζακ όταν ανακάλυπτε κάποιο καινούριο κοχύλι ή πεταλούδα, φρόντιζαν το λαχανόκηπό τους. Τον πότιζαν, αν είχε ξεραθεί, τον ξεχορτάριαζαν και μάζευαν τους ώριμους καρπούς του. Ο Τζακ έχτισε μια παράγκα για τα εργαλεία του, μεταξύ των οποίων ήταν ένας γάντζος για τις μπανάνες και η μεγάλη του μαχαίρα για να τις κόβει. Η μαχαίρα αυτή ήταν το αγαπημένο εργαλείο της Νιμ.

Όταν τελείωναν με τη φροντίδα του κήπου, ψάρευαν για να φάνε και περπατούσαν στις παραλίες για να μαζέψουν ξύλα ή μπουκάλια ή οτιδήποτε άλλο ξέβραζε η θάλασσα, ενώ η Νιμ πήγαινε σχολείο.

Έτσι το έλεγαν, αλλά το σχολείο της δεν ήταν μέσα σε κάποιο κτίριο και δεν καθόταν σε θρανίο αλλά στην παραλία, παρέα με τον μπαμπά της, και μελετούσαν τα αστέρια, ή σκαρφάλωναν στα βράχια για να δουν τα πουλιά στις φωλιές τους. Η Νιμ είχε μάθει τη γλώσσα των δελφινιών, ήξερε τα πάντα για τα καβούρια που έτρεχαν έξω από τη θάλασσα, ήξερε πώς να παρατηρεί τα σύννεφα, πώς να ακούει τον άνεμο.

Μερικές φορές, για μία ολόκληρη μέρα, γρύλιζαν όπως τα θαλάσσια λιοντάρια, έκρωζαν σαν τους γλάρους ή λικνίζονταν σαν το πλαγκτόν.

Στον Τζακ άρεσε πολύ το πλαγκτόν. Τα αγαπημένα της Νιμ ήταν τα πλασματάκια που έλαμπαν το βράδυ στη θάλασσα, αλλά ο μπαμπάς της τα αγαπούσε όλα, γιατί ήταν τόσο μικρούλικα και παράλληλα τόσο σημαντικά. Τα έτρωγαν τα μικρά ψάρια, και τα μεγάλα ψάρια έτρωγαν τα μικρά ψάρια, και τα μεγάλα ψάρια τα έτρωγαν μεγαλύτερα ψάρια, και δε θα υπήρχε ίχνος ψαριού χωρίς το πλαγκτόν.

Ωστόσο η Νιμ αγαπούσε πολύ τα ζώα που μπορούσε να δει και να διασκεδάσει μαζί τους. Ο Τζακ είχε πει ότι θα ταξίδευε τρεις μέρες στη θάλασσα για να μαζέψει πλαγκτόν. Η Νιμ προτίμησε να μείνει σπίτι.

— Θα σου τηλεφωνώ κάθε μέρα όταν βασιλεύει ο ήλιος, της είπε ο Τζακ. Και μπορείς να ρίχνεις μια ματιά και στα μηνύματά μου στο λάπτοπ. Αν δε με ακούσεις ή αν δε με δεις σε τρεις μέρες, τότε να εκπέμψεις SOS.

Αλλά η Νιμ ήξερε πως ο Τζακ δε θα αντιμετώπιζε κανένα πρόβλημα, γιατί ήταν ο καλύτερος ναυτικός του ωκεανού. Κι ο Τζακ ήξερε πως η Νιμ δε θα αντιμετώπιζε κανένα πρόβλημα, γιατί θα ήταν μαζί της η Σέλκι. Η Σέλκι που ξεχνούσε ότι η Νιμ ήταν δυνατή κι έξυπνη και την πρόσεχε σαν να ήταν παιδί της.

Ακόμα κι όταν ο αρχηγός του είδους της την καλούσε στο κοπάδι τους, με τη δική της οικογένεια, η Σέλκι έμενε κοντά στη Νιμ.

2

ΟΛΗ ΤΗΝ ΠΡΩΤΗ μέρα που η Νιμ ήταν μόνη της, έκανε ό,τι ακριβώς κι όταν βρισκόταν ο Τζακ στο σπίτι. Καμιά φορά ξεχνούσε πως ο μπαμπάς της δε γύριζε σε κάποιο άλλο μέρος του νησιού, μετρώντας φυσαλίδες στις Σφυριχτές Πέτρες ή αυγά στη φωλιά κάποιου τριδαχτυλόγλαρου.

Αλλά όταν ξάπλωσε στο κρεβάτι της, άρχισε να φυσάει.

Φυσούσε ελάχιστα όταν καθόταν στην παραλία για να απολαύσει το ηλιοβασίλεμα και περίμενε να χτυπήσει το κινητό. Οι φοίνικες λικνίζονταν απαλά όταν χτύπησε το τηλέφωνο.

— Βρήκες το πλαγκτόν που έψαχνες; τον ρώτησε.

— Εκατομμύρια έμβιοι μικροοργανισμοί, της απάντησε εκείνος. Και πολλά πεινασμένα πουλιά που νόμιζαν πως ψάρευα.

— Πουλιά από μακρινές χώρες;

— Όχι. Δικά μας πουλιά. Το μεγάλο, αυτό που φωνάζεις Γαλιλαίο, εφόρμησε στο μικροσκόπιό μου, γιατί νόμιζε πως ήταν ψάρι. Του είπα να πάει σπίτι του και να ενοχλήσει εσένα.

Η Νιμ έβαλε τα γέλια.

— Και το 'κανε! Όλο το απόγευμα κατάφερα να ψαρέψω μονάχα ένα ψάρι και μου το άρπαξε από το χέρι μου. Κυριολεκτικά! Έτσι κι εγώ τα παράτησα κι άρχισα να διαβάζω στο Βράχο της Σέλκι.

— Σου αρέσει το βιβλίο;

— *Η Τρέλα του Βουνού.* Μου είπες πως ήταν το αγαπημένο σου. Θυμάσαι;

— Θυμάμαι, είπε ο Τζακ.

— Τι σου άρεσε περισσότερο;

— Οι ήρωες, απάντησε ο μπαμπάς της. Ένιωσα λες κι ο ήρωας ήταν ο καλύτερός μου φίλος.

— Ωραία θα είναι πάντως να έχεις ένα φίλο να του μιλάς.

— *Χονκ, γουφλ, γκρουντ*, είπε ο Τζακ μιμούμενος τους ήχους που βγάζει η θαλάσσια λιονταρίνα. Η Σέλκι μπορεί και μιλάει! Μόνο που δεν ξέρει και τόσο καλά να λέει ιστορίες.

Η Νιμ χάιδεψε τη Σέλκι, μήπως και στενοχωρήθηκε με αυτό που άκουσε.

— Μην ξεχάσεις να ρίξεις μια ματιά στα μηνύματά μου στο κομπιούτερ, συνέχισε ο Τζακ. Πες τους ότι θα τους απαντήσω σε λίγες μέρες. Εκτός κι αν έχουν στείλει κάποιο μήνυμα οι Τουρίστες Τροπικών Νησιών. Προτιμώ να συναντήσω έξι πεινασμένους καρχαρίες παρά τις ροζ και μοβ βάρκες τους!

— Εγώ προτιμώ καλύτερα έναν κυκλώνα!

— Προτιμώ να πηδήξω στη φωτιά του Βουνού της Φωτιάς... ή να μιλήσω στη Νιμ, όταν δεν έχει κοιμηθεί και τόσο καλά! γέλασε ο Τζακ. Και πού 'σαι, μικρή, μην ξενυχτήσεις διαβάζοντας!

Έτσι η Νιμ του έστειλε φιλιά στο τηλέφωνο κάνοντας τον ήχο του ιγκουάνα και γύρισε πίσω στην καλύβα, ενώ το αεράκι ανέμιζε τα μαλλιά της και δρόσιζε τα μάγουλά της.

Στην καλύβα ήταν ήδη σκοτάδι κι όταν έριξε μια ματιά στα μηνύματα, παρόλο που δεν ήξερε κανέναν στον απέραντο, απέραντο κόσμο που μπορούσε να της στείλει κάποιο μήνυμα, ένιωσε μοναξιά όταν είδε πως το κουτί των μηνυμάτων έγραφε στην οθόνη: «Κανένα μήνυμα».

— Καληνύχτα, Σέλκι! φώναξε. Καληνύχτα, Φρεντ!

Ο Φρεντ κοιμόταν ήδη στη μικρούλα, πέτρινη σπηλιά του πίσω από την καλύβα. Αλλά από το Βράχο της Σέλκι ακούστηκε ένα σιγανό γρύλισμα.

Η Νιμ ξάπλωσε στο στρώμα της με το φακό και το βιβλίο της. Τα κύματα γουργούρισαν στον ύφαλο κι απλώθηκαν στην αμμουδιά. Το αεράκι φυσούσε μέσα στα ραγίσματα των τοίχων και δεν ακουγόταν ο παρηγορητικός ήχος του μουρμουρητού του Τζακ ή των βιβλίων που φυλλομετρούσε.

Η Νιμ ένιωθε αναστατωμένη και γενναία και λιγουλάκι φοβισμένη, αλλά το δεύτερο κεφάλαιο της *Τρέλας του Βουνού* ήταν ακόμα πιο συναρπαστικό από το πρώτο. Άρχισε να σκέφτεται τον ήρωα, ώσπου αποκοιμήθηκε.

Ο άνεμος δυνάμωσε. Ούρλιαζε στην πόρτα και στρίγκλιζε στα παράθυρα. Γελούσε με τη Νιμ, γιατί έλειπε ο Τζακ κι εκείνη δεν ήξερε αν την κορόιδευε ή θα θέριευε κι άλλο, για να ρίξει κάτω δέντρα, για να μετατραπεί σε θύελλα που παρασέρνει ακόμα και καλύβες.

Άναψε το φακό και γλίστρησε έξω.

Τα σύννεφα έτρεχαν να φτάσουν το φεγγάρι, τα αστέρια είχαν εξαφανιστεί και η βροχή μαστίγωνε. Σκόνταψε και παραλίγο να της πέσει ο φακός, αλλά έβλεπε τη φιγούρα της Σέλκι, πιο σκοτεινή κι από την ίδια τη νύχτα, άκουγε τους ήχους της δυνατότερους κι από τον άνεμο.

Η Σέλκι έσπρωξε τον ώμο της Νιμ και τυλίχτηκε γύρω της. Ο αέρας προσπέρασε, η ουρά της θύελλας μούγκριζε στη θάλασσα κι η Νιμ ήταν χωμένη στο καταφύγιο της φώκιας της, ανέπνεε τη ζεστή μυρωδιά της γούνας.

Το επόμενο πρωί η παραλία ήταν σπαρμένη καρύδες κι η καλύβα είχε ένα βαθούλωμα στη στέγη. Αλλά ο ηλιακός συλλέκτης ήταν μια χαρά, το ίδιο και η δορυφορική κεραία. Καθόταν πάνω από την καλύβα, σαν παχιά, κάτασπρη καρύδα περιμένοντας να ρουφήξει μηνύματα από όλο τον κόσμο και να τα προωθήσει στο κομπιούτερ του Τζακ.

Η καλύβα είχε γεμίσει άμμο. *Η Τρέλα του*

Βουνού είχε ανοίξει κι ένα κομμάτι εφημερίδας που ο Τζακ χρησιμοποιούσε για σελιδοδείκτη είχε κολλήσει στον τοίχο. Η Νιμ το έχωσε και πάλι μέσα στο βιβλίο κι άρχισε να καθαρίζει την καλύβα.

Τίναξε το στρώμα της έξω από την πόρτα και σκούπισε την άμμο. Ύστερα ξεσκόνισε με ένα παλιό μπλουζάκι το λάπτοπ, το επιστημονικό υλικό του Τζακ, ένα γυαλιστερό ξύλο που είχε βρει στη θάλασσα, ένα κολιέ από κοχύλια και τη φωτογραφία της μαμάς της.

Η μαμά της είχε λαμπερά, έξυπνα μάτια κι ένα πλατύ χαμόγελο. Φαινόταν ενθουσιασμένη στη φωτογραφία, γιατί ήταν εκείνο το πρωινό που βούτηξε για να εξερευνήσει το περιεχόμενο του στομαχιού της γαλάζιας φάλαινας.

Η Νιμ ακούμπησε τη φωτογραφία της μαμάς της πίσω στο ράφι.

Έβαλε τα άδεια μπουκάλια του νερού στο καροτσάκι της και σφύριξε στο Φρεντ. Στον Φρεντ άρεσε να πηγαίνει όπου πήγαινε κι εκείνη, ιδιαίτερα στα μέρη που δεν μπορούσε να τους ακολουθήσει η Σέλκι. Κουλουριάστηκε γύρω από το λαιμό της και ρυμούλκησαν το καρότσι προς την πεδιάδα, ψηλά στα μπερδεμένα κλήματα και στις φτέρες του τροπικού δάσους.

Στην άκρη του τροπικού δάσους υπήρχε μια πλατιά λιμνούλα την οποία σχημάτιζαν οι βράχοι με έναν καταρράκτη που έπεφτε μέσα της. Από την άλλη μεριά της λιμνούλας βρισκόταν ο λαχανόκηπος.

Υπήρχαν φυτά που είχε λυγίσει ο άνεμος κι ήθελαν στήριγμα, αγριόχορτα για ξερίζωμα, φράουλες για κόψιμο κι ένα τεράστιο τσαμπί μπανάνες, αρκετά πράσινο για μάζεμα.

Στη Νιμ άρεσαν πολύ οι μπανάνες. Αλλά εκείνο που της άρεσε περισσότερο ήταν να χειρίζεται τη μαχαίρα του Τζακ. Ήταν λαμπερή και κοφτερή. Την έκανε να νιώθει πειρατίνα.

Έκοψε το τσαμπί και το έσυρε ως την παράγκα. Στη συνέχεια, το στερέωσε στη θηλιά ενός σκοινιού που κρεμόταν από ένα δοκάρι στο ταβάνι.

— Κρεμάω τις μπανάνες! φώναξε κι άρπαξε το σκοινί πάνω από το κεφάλι της.

Ο Φρεντ πήδηξε κι έπιασε την άκρη του σκοινιού με τα νύχια του. Τράβηξαν με όλη τους τη δύναμη το σκοινί, ανεβάζοντας το τσαμπί ψηλά στο ταβάνι για να ωριμάσει.

Θα τα κατάφερναν πιο εύκολα αν βοηθούσε κι η Σέλκι, αλλά τα θαλάσσια λιοντάρια δεν μπορούν να τραβούν σκοινιά.

Η Νιμ παράτησε τη μαχαίρα.

— Ζεστάθηκες; ρώτησε το Φρεντ.

Ο Φρεντ ήξερε καλά τι σκεφτόταν. Και παραβγήκε μαζί της στο τρέξιμο στο μονοπάτι μέχρι την κορυφή του καταρράκτη.

Στα εκατοντάδες χρόνια που το νερό κυλούσε από το βουνό, έφθειρε σιγά σιγά τα απόκρημνα μαύρα βράχια, μετατρέποντάς τα σε μια καμπυλωτή, υπέροχη τσουλήθρα. Σε αυτή γλιστρούσαν το κορίτσι και το ιγκουάνα και έπεφταν με παφλασμό στη λιμνούλα.

Η Νιμ κι ο Φρεντ έτρεχαν πάνω και γλιστρούσαν κάτω, μέχρι που έφτασε η ώρα του φαγητού. Η Νιμ έπιασε μια ντομάτα κι ένα αβοκάντο που τα είχε ρίξει ο άνεμος και βοτάνισε γρήγορα γρήγορα τα μπιζέλια.

— Αύριο θα είναι έτοιμες, είπε στο Φρεντ.

Αλλά στο Φρεντ δεν άρεσαν τα μπιζέλια κι είχε αρχίσει να βαριέται. Ξεκίνησε να μασάει φύλλα και να τα φτύνει.

— Δε θα σε ξαναφέρω στον κήπο! του είπε αυστηρά η Νιμ.

Ο Φρεντ έφτυσε το τελευταίο φύλλο και κουλουριάστηκε στο καρότσι έτοιμος να κατηφορίσουν με μεγάλη ταχύτητα το λόφο.

Εκείνη τη νύχτα, όταν η Νιμ κάθισε στα βράχια παρέα με το τηλέφωνο και κοιτούσε τον ήλιο να βυθίζεται κατακόκκινος στα νερά, ο Τζακ δεν τηλεφώνησε. Πάτησε το νούμερό του, αλλά το τηλέφωνό του δε χτύπησε και δεν απάντησε.

Κοίταξε και τα μηνύματά του, αλλά και πάλι δεν υπήρχε κανένα.

Εφιαλτικές εικόνες άρχισαν να πλημμυρίζουν το μυαλό της: αναποδογυρισμένα πλοία, βουλιαγμένα πλοία, πλοία που έπλεαν μόνα τους με ανθρώπους να κολυμπάνε πίσω τους αβοήθητοι...

Έδιωξε μακριά τις σκέψεις της θυμωμένη. Ο Τζακ ήταν απασχολημένος. Είχε συγκεντρωθεί στο πλαγκτόν και δεν είχε καταλάβει τι ώρα ήταν. Όπως τότε που έκανε επιστημονικές μελέτες στο σπίτι και ξεχνούσε να φάει.

Έπιασε το βιβλίο της και γρήγορα δεν ήταν πια η Νιμ. Ήταν ο γενναίος, δυνατός ήρωας που σκαρφάλωνε σε ένα βράχο, που πηδούσε πάνω από ένα χάσμα για να φτάσει στην άλλη άκρη... Και τρίβοντας τα πονεμένα της μάτια κατάλαβε πως η καλύβα ήταν σκοτεινή κι ο φακός της έχανε σιγά σιγά το φως του μέσα στη νύχτα. Αλλά παρέμεινε ο ήρωας, ώσπου πήγε να κοιμηθεί. Γιατί σήμερα το βράδυ δεν της άρεσε καθόλου να είναι η Νιμ.

3

ΟΤΑΝ Ο ΗΛΙΟΣ ανέτειλε ροζ πάνω από το Βουνό της Φωτιάς, η Νιμ πήρε και πάλι τηλέφωνο τον Τζακ, αλλά και πάλι δεν της απάντησε, ούτε κουδούνισε, τίποτα.

Η Νιμ κοίταξε το κινητό... τη δορυφορική κεραία... τις ενώσεις ανάμεσα στον ηλιακό συλλέκτη και το φορτιστή μπαταρίας του κινητού...

Όλα έδειχναν να είναι στη θέση τους.

Κοίταξε τα μηνύματα, παρόλο που ήξερε πως δεν είχε κομπιούτερ στο πλοίο του.

Από: aka@incognito.net
Προς: jack.rusoe@explorer.net
Αποστολή: Τρίτη 30 Μαρτίου, 22:21

Αγαπητέ Τζακ Ρούσο,

Το άρθρο σου με τίτλο «Ο κύκλος της ζωής ενός φοίνικα» ήταν εντυπωσιακό σαν ταινία μικρού μήκους και λεπτομερές σαν ντοκιμαντέρ! Έχω όμως ακόμα κάποιες ερωτήσεις...

1) Πόσο καιρό επιπλέουν οι καρύδες;

2) Επιπλέουν καλά για να φτιάξεις σχεδία;

3) Πώς μπορώ να φτιάξω μία;

Σ' ευχαριστώ.

Άλεξ Ρόβερ

— Ένα μήνυμα! αναφώνησε η Νιμ.

Ήξερε πως δεν ήταν δικό της. Πως ο Άλεξ Ρόβερ έκανε μια επιστημονική ερώτηση στον Τζακ. Λες και κάποιος γνώριζε πως ήταν μόνη της και της έστελνε χαιρετίσματα.

Από: jack.rusoe@explorer.net
Προς: aka@incognito.net
Αποστολή: Τετάρτη 31 Μαρτίου, 6:45

Αγαπητέ Άλεξ Ρόβερ,

Ο Τζακ κάνει επιστημονικές έρευνες. Ελπίζω να απαντήσει στις ερωτήσεις σου αύριο ή μεθαύριο.

Νιμ

Είχε ένα σωρό πράγματα να κάνει κι αυτό ήταν καλό, γιατί έτσι θα απασχολούσε τη σκέψη της και δε θα ανησυχούσε για τον Τζακ.

Έφτιαξε χυλό από μπανάνα και καρύδα και κουλουριάστηκε ζεστά δίπλα στη Σέλκι για να φάνε πρωινό. Ο Φρεντ ξεχνούσε πάντοτε πως δεν του άρεσαν οι μπανάνες, έτσι τσίμπησε για άλλη μια φορά λίγο από το μπολ και το έφτυσε προς το βράχο του.

— Μπλιαχ, Φρεντ! είπε η Νιμ, γιατί της είχε κοπεί κι εκείνης η όρεξη.

Πότισε το λαχανόκηπο με τους σωλήνες από μπαμπού, που στάλαζαν δροσιά από τη λιμνούλα. Ρυμούλκησε καρότσια γεμάτα φύκια και τα άπλωσε γύρω από τα φυτά. Μάζεψε δέκα ώριμες φράουλες και μια χούφτα μπιζέλια.

Στον Τζακ άρεσαν πολύ οι φράουλες.

Έφτιαξε μια καινούρια σκούπα με πεσμένα κλαδιά φοίνικα και ξανασκούπισε την καλύβα. Συμπλήρωσε τους χάρτες του Τζακ με ένα μεγάλο «ΟΧΙ» στο σημείο καταγραφής του ύψους της βροχής, με τα νούμερα της βαρομετρικής πίεσης και τη θερμοκρασία της θάλασσας κι έγραψε «ΑΝΑΤΟΛΙΚΑ» για την κατεύθυνση του ανέμου. Ευχήθηκε να φυσούσε αντίθετα για να έφερνε τον μπαμπά της στο σπίτι και σκαρφάλωσε στον ψηλό φοίνικα, μήπως και δει τα άσπρα του πανιά.

Όταν δεν τα είδε, ένιωσε ένα σφίξιμο στο στομάχι της και συνέχισε τις δουλειές της. Ανακάτεψε ζυμάρι για να φτιάξει ψωμί. Το ζυμάρι φούσκωσε πολύ και το πίεσε με την μπουνιά της στη μέση για να διώξει τον αέρα, αλλά και τον κόμπο μέσα στο στομάχι της. Το χτυπούσε, το αναποδογύριζε ξανά και ξανά, ώσπου κουράστηκαν τα χέρια της κι η μπάλα του ζυμαριού έστρωσε. Μετά την τύλιξε με ένα φρέσκο φύλλο μπανανιάς και τη μετέφερε στις Σφυριχτές Πέτρες, όπου το Βουνό της Φωτιάς συναντούσε το Λιμανάκι της Κλειδαρότρυπας και μερικές φορές οι θερμοπηγές εκσφενδόνιζαν ζεστό νερό στον αέρα.

Σήμερα όμως έβλεπε μόνο μια μικρή, κίτρινη λιμνούλα που πιτσιλούσε γλιτσιασμένες φυσαλίδες. Τα βράχια γύρω της ζεματούσαν, σφυρίζοντας ατμό από κάθε χαραματιά τους. Ήταν αδύνατον να τα αγγίξει. Κι η μυρωδιά χαλασμένου αυγού πλημμύριζε την παραλία.

Κάθισε σταυροπόδι σε μια ακρούλα, προφυλαγμένη από τον άνεμο και τη βρόμα. Έκοψε τη ζύμη σε οκτώ επίπεδα κομμάτια και τα άπλωσε ένα ένα πάνω στο ζεστό βράχο.

Αυτό που της άρεσε πολύ όταν έφτιαχνε ψωμί ήταν να παρακολουθεί τη ζύμη, την οποία είχε φτιάξει με αλεύρι, μαγιά και σταγόνες νερού, να μετατρέπεται σε ζεστό, φρέσκο ψωμί. «Επιστήμη», το έλεγε ο Τζακ, αλλά εκείνη πίστευε πως ήταν κάτι μαγικό.

Σήμερα δεν ήταν.

Σήμερα, όταν τα ψωμάκια της ρόδισαν και φούσκωσαν στη μέση, δεν κατάφεραν να την κάνουν να χαμογελάσει. Όταν τα γύρισε κι από την άλλη μεριά με μια βέργα από μπαμπού και μετά τα τύλιξε και πάλι στο φύλλο της μπανανιάς, ήταν μονάχα ψωμάκια. Άλλωστε σήμερα ήταν η μέρα που έφτιαχνε ψωμί. Κι αν έκανε όλες τις δουλειές όπως έπρεπε να κάνει, τότε πίστευε πως ο Τζακ θα γυρνούσε το βράδυ κι όλα θα ήταν και πάλι μια χαρά.

Έτσι συνέχισε τις δουλειές της, και δούλευε όλη μέρα. Πέταξε πεσμένα κλαδιά στη φωτιά, καθάρισε την άμμο από τα Μαύρα Βράχια στο Λιμανάκι της Κλειδαρότρυπας μέχρι την Αμμουδιά των Κοχυλιών, μπροστά από την καλύβα, κι ύστερα από την Αμμουδιά της Θαλάσσιας Χελώνας φτάνοντας ως τα Βράχια του Ταχυπέτη. (Ανακάλυψε τρεις τεράστιους σπόρους σε σχήμα καρδιάς, δέκα καινούρια κοχύλια κι ένα κομμάτι σπασμένου ξύλινου κουπιού, που την έκανε να σκεφτεί: «Αχ, όχι!» Αλλά δεν ήταν του Τζακ.)

Ξαφνικά ένιωσε πολύ κουρασμένη για να κάνει οτιδήποτε άλλο. Έφτιαξε ένα σάντουιτς μπανάνας και κουλουριάστηκε σε ένα βράχο ανάμεσα στη Σέλκι και στο Φρεντ, για να διαβάσει το τελευταίο κεφάλαιο του βιβλίου της.

Όταν το τελείωσε, ένιωσε ευτυχία και στενοχώρια ταυτόχρονα, γιατί το τέλος ήταν γλυκό και χαρούμενο, αλλά δεν ήθελε να αποχαιρετήσει τους ήρωες του βιβλίου.

— Θα το ξαναδιαβάσω! μονολόγησε και διάβασε δυνατά τον τίτλο, λες και δεν τον είχε ξαναδεί ποτέ πριν: *Η Τρέλα του Βουνού*, του Άλεξ Ρόβερ. Άλεξ Ρόβερ! φώναξε ξανά.

Ο Φρεντ έπεσε από το βράχο και η Σέλκι έβγαλε μια θυμωμένη κραυγή, γιατί της διέκοψαν τον υπνάκο της.

— Συγγνώμη, έκανε η Νιμ.

Ξανάνοιξε το βιβλίο και ξεδίπλωσε το σελιδοδείκτη-εφημερίδα.

ΑΛΕΞ ΡΟΒΕΡ – ΣΥΓΓΡΑΦΕΑΣ Ή ΗΡΩΑΣ ΒΙΒΛΙΟΥ;

Ο πιο διάσημος συγγραφέας του κόσμου έγραψε ένα καινούριο βιβλίο: Η Τρέλα του Βουνού *(Εκδόσεις Πάπυρος, 15.95 δολάρια).*

Ορειβατικές εμπειρίες, μια ρομαντική ιστορία αγάπης – διαβάστε το και θα νομίζετε πως το ζείτε και στην πραγματικότητα! Θα νιώσετε την κρύα ανάσα του αέρα, κάνοντας μια βουτιά στο κενό από ένα αεροπλάνο, θα αισθανθείτε τις παλάμες σας να ιδρώνουν, γλιστρώντας από τα βράχια.

Είναι ο Άλεξ Ρόβερ ο συγγραφέας ή μήπως είναι ο ίδιος ο ήρωας;

Ποιος θα μπορούσε να περιγράψει τόσο καλά αυτές τις περιπέτειες αν δεν τις έχει ζήσει ο ίδιος; Ο Άλεξ Ρόβερ όμως δεν είναι η κλασική περίπτωση του σούπερ ήρωα.

Όποιος τυχερός τον συναντήσει θα ανακαλύψει έναν πραγματικά ξεχωριστό άνθρωπο· έναν ορειβάτη που τρελαίνεται για την ποίηση, έναν εξερευνητή που τραγουδάει δοξάζοντας τα αστέρια.

Δυστυχώς δεν είναι εύκολο να τον βρει κα-

νείς. Αρνείται να δίνει συνεντεύξεις ή φωτογραφίες. Η Ντέλια Ντεφόε, η επιμελήτριά του στις εκδόσεις Πάπυρος, ισχυρίζεται πως δεν τον έχει συναντήσει ποτέ, πως δεν του έχει μιλήσει στο τηλέφωνο ούτε μία φορά!

«Επικοινωνούμε στέλνοντας μηνύματα ο ένας στον άλλο», μας εξήγησε.

— Επικοινωνούμε στέλνοντας μηνύματα! επανάλαβε η Νιμ.

Της φάνηκε σοβαρό κι αστείο ταυτόχρονα.

— Επικοινωνώ με τον Άλεξ Ρόβερ στέλνοντάς του μηνύματα! είπε πάλι. Σέλκι! συνέχισε. Ο Άλεξ Ρόβερ είναι ήρωας. Φρεντ, πρόσθεσε, επικοινωνώ με τον Άλεξ Ρόβερ.

Η Σέλκι κι ο Φρεντ την κοίταξαν μπερδεμένοι. Τους άρεσε πολύ να ακούν τη Νιμ να χρησιμοποιεί μονάχα τις λέξεις που ήξεραν, όπως: «καρύδα», «ψάρι», «κολύμπι» και «Λιμανάκι της Κλειδαρότρυπας».

Αλλά η Νιμ ήταν χαρούμενη. Αν ο Άλεξ Ρόβερ μπορούσε να επιζήσει ύστερα από όλες αυτές τις απίστευτες περιπέτειές του, το ίδιο θα έκανε κι ο Τζακ. Θα επέστρεφε σπίτι αύριο, όπως της είχε υποσχεθεί.

Από: jack.rusoe@explorer.net
Προς: aka@incognito.net
Αποστολή: Τετάρτη 31 Μαρτίου, 18:27

Αγαπητέ Άλεξ Ρόβερ,

Ο Τζακ δε γύρισε ακόμα, αλλά πιστεύω πως δε θα αργήσει. Χαίρομαι που είσαι ήρωας, γιατί η *Τρέλα του Βουνού* είναι το ωραιότερο βιβλίο που έχω διαβάσει ποτέ. Μοιάζει με την πραγματική ζωή, μόνο που είναι πιο συναρπαστικό κι όλοι οι ήρωές του είναι τόσο γενναίοι! Κι έχει και ευτυχισμένο τέλος, όταν ο πρωταγωνιστής και η γυναίκα συναντιούνται και ερωτεύονται.

Νιμ

Από: aka@incognito.net
Προς: jack.rusoe@explorer.net
Αποστολή: Τετάρτη 31 Μαρτίου, 13:32

Αγαπητή Νιμ,

Δεν είναι αστεία η διαφορά της ώρας; Όταν βραδιάζει εδώ, ο ήλιος ανατέλλει για σένα! Ζεις μέσα στο αύριο το δικό μου!

Το άλλο αστείο είναι πως εγώ δεν είμαι ούτε

κατά διάνοια ήρωας. Είμαι και ο πρώτος αντι-ήρωας!

Σκαρφαλώνω στα βουνά, αν είναι φυσικά φτιαγμένα από χαρτί, και κολυμπάω στα ποτάμια, της μπανιέρας μου! (που έχουν και σαπουνόφουσκες)...

Δε διαθέτω καν το κουράγιο να μιλήσω στους δημοσιογράφους. Γι' αυτό και φαντάζονται ό,τι θέλουν για μένα. Μάλιστα, ένας δημοσιογράφος μού άλλαξε το όνομα και με φώναξε «Αλέξανδρο»!

Φιλικά,

Άλεξ (Αλεξάντρα!) Ρόβερ

Η Νιμ δεν είχε ακούσει ποτέ το όνομα Αλεξάντρα.

Και η Άλεξ Ρόβερ δεν είχε φανταστεί ποτέ πως μπορούσε να ζει κάποιος ολομόναχος σε ένα μικροσκοπικό νησάκι στη μέση του ωκεανού.

Κι έτσι η Νιμ συνέχισε να φαντάζεται πως ο Άλεξ Ρόβερ ήταν άντρας και η Άλεξ συνέχισε να φαντάζεται πως η Νιμ ήταν ένα κορίτσι που έμενε σπίτι του με τη μαμά του και ενδεχομένως με τους αδελφούς και τις αδελφές του, τα ξαδέλφια και τους φίλους του. Και οι δύο πίστευαν πως καταλάβαιναν μια χαρά η μια την άλλη.

Μακριά, πολύ μακριά, ένα ιστιοφόρο έσκιζε τον ωκεανό, παρασυρμένο από τον άνεμο. Στο κατάστρωμά του βρισκόταν ξαπλωμένος ένας άντρας. Έμοιαζε με πυγμάχο που είχε χάσει τον αγώνα.

Ένας ταχυπέτης* με τεράστια, μαύρα φτερά εφόρμησε πάνω του με περιέργεια.

Ο Τζακ άνοιξε τα μάτια του. Είχε πυρετό, διψούσε και πονούσε παντού. Έξυσε τη γενειάδα του και τότε το χέρι του γέμισε ξεραμένο αίμα.

Ανασηκώθηκε και θυμήθηκε. Βρισκόταν καθισμένος στο κατάστρωμα και παρακολουθούσε το πλαγκτόν να λάμπει στα νυχτερινά κύματα. Ξαφνικά μια θύελλα μούγκρισε και αναγκάστηκε να κατεβάσει τα πανιά, αλλά τον άνεμο δεν τον ένοιαξε καθόλου. Ταρακούνησε άσχημα το πλοίο κι έπιασε τη δορυφορική κεραία και την τσάκισε πάνω στο κατάστρωμα.

---

* Γένος μεγαλόσωμων αρπακτικών θαλασσοπουλιών της οικογένειας των φρεγατιδών. Λέγεται και ταχυπέτης λόγω της ικανότητάς του να πετά με μεγάλη ταχύτητα για αρκετό χρονικό διάστημα.

Και τώρα ο Τζακ είχε ένα τραύμα στο κεφάλι και δεν είχε δορυφορική κεραία. Κι αφού δεν είχε δορυφορική κεραία, το τηλέφωνό του δε λειτουργούσε κι έπρεπε να επιστρέψει πίσω στη Νιμ.

Το κεφάλι του πονούσε, τα πόδια του έτρεμαν, αλλά προχώρησε παραπατώντας προς το πηδάλιο. Το έσπρωξε, το τράβηξε, αλλά αυτό στριφογύρισε χαλαρά στα χέρια του. Κατάλαβε πως ο άξονάς του είχε σπάσει. Κι αν ο άξονας ήταν σπασμένος, τότε δεν είχε πηδάλιο. Και χωρίς πηδάλιο, το ιστιοφόρο του έμοιαζε με ένα μεγάλο, ακυβέρνητο κορμό.

4

ΣΤΟ ΛΙΜΑΝΑΚΙ της Κλειδαρότρυπας, ο ύφαλος με τα βράχια σχημάτιζαν έναν τεράστιο δακτύλιο. Στη μια του πλευρά υπήρχαν θαλασσοφαγωμένοι, γκρίζοι βράχοι, όπου ξάπλωναν τα θαλάσσια λιοντάρια, κι από την άλλη υπήρχαν οι τραχείς, μαύροι βράχοι της άγριας, ανατολικής ακτής.

Μέσα στο δακτύλιο τα νερά αστραποβολούσαν γαλάζια κι ήταν ήρεμα και φωτεινά. Η θάλασσα μπαινόβγαινε μέσα από μια τρύπα στον ύφαλο, αλλά μόνο τα τεράστια κύματα μπορούσαν να ξεπεράσουν την κορυφή.

Ήταν το ιδανικό μέρος για να κολυμπήσει κανείς, κάνοντας ακόμα και ύπτια κολύμβηση προσεκτικά, γιατί αν άρχιζε να ονειροπολεί, θα χτυπούσε το κεφάλι του στον ύφαλο, προτού αρχίσει να επιπλέει στη θάλασσα. Αλλά και με πρόσθια κολύμβηση μπορούσε κάποιος να θαυμάσει αλογάκια της θάλασσας και κοχύλια, μέχρι κι ανοιχτά κελύφη από τεράστια όστρακα, αλλά και ψαράκια με χρωματιστές βούλες να κολυμπούν ανάμεσά τους.

Ήταν το ιδανικό μέρος για το Πείραμα της Καρύδας, για να ανακαλύψεις πώς μπορείς να φτιάξεις μια σχεδία για τον Άλεξ Ρόβερ.

Έτσι, νωρίς το επόμενο πρωινό, η Νιμ φόρτωσε το καροτσάκι της με καρύδες. Ο Φρεντ σκαρφάλωσε στην κορυφή κι η Νιμ ρυμούλκησε το καρότσι μέσα από τα λιβάδια, ως το Λιμανάκι της Κλειδαρότρυπας. (Ήταν ευκολότερο, παρά να προσπαθεί να το τραβάει μέσα στην άμμο και στα βράχια.)

Η Σέλκι έφτασε κολυμπώντας ως τη Θέση του Θαλάσσιου Λιονταριού κι άρχισε να γρυλίζει στη Νιμ να βιαστεί.

Αλλά η Νιμ έφερνε συνέχεια φορτία με το καρότσι της, μέχρι που συγκέντρωσε είκοσι μεγάλες καρύδες πάνω στα βράχια και τις έριξε μία μία στο νερό.

Οι καρύδες έπεφταν σαν μικρές βόμβες στο

νερό κι έσκαγαν στην επιφάνεια. Η Σέλκι έβγαζε ολοένα και δυνατότερους ήχους. Ο Φρεντ ενθουσιάστηκε και βούτηξε κι αυτός στο νερό παρέα με την τελευταία καρύδα.

Η Νιμ και η Σέλκι τον ακολούθησαν. Υπήρχε ακόμη αρκετός χώρος στο λιμανάκι, παρόλο που επέπλεαν γύρω τους είκοσι καρύδες. Αρκετός χώρος για να επιπλεύσει και η Νιμ και να κάνει τούμπες ή να ισορροπήσει στα χέρια της. Άπλετος χώρος και για το Φρεντ, για να τινάζεται και να βουτάει, και για τη Σέλκι να πλατσουρίζει μέχρι το Λιμανάκι της Κλειδαρότρυπας.

Όταν η Σέλκι βαρέθηκε το πλατσούρισμα, άρπαξε το Φρεντ από την ουρά. Ήταν το αγαπημένο της παιχνίδι, αλλά ήταν τόσο μεγαλόσωμη κι ο Φρεντ τόσο μικροσκοπικός, που δεν ήταν δίκαιο. Τα πόδια του Φρεντ άρχισαν να κουνιούνται σαν τρελά. Πλατσούριζε κι αυτός απελπισμένα, όλο και πιο γρήγορα, ολοένα και πιο δυνατά, αλλά δεν μπορούσε να πάει πουθενά.

— Άφησέ τον ήσυχο, Σέλκι! Φτάνει πια! της φώναξε η Νιμ, αλλά δεν άντεξε κι εκείνη να μη βάλει τα γέλια.

Όταν επιτέλους η Σέλκι τον ελευθέρωσε, ο Φρεντ χώθηκε κατσουφιασμένος στο βυθό.

Λίγο προτού δύσει ο ήλιος, η Νιμ προσπάθησε να τηλεφωνήσει και πάλι στον Τζακ, μήπως κι είχε ξεχαστεί, μήπως κι είχε σπάσει το τηλέφωνό του και τώρα το είχε φτιάξει, αλλά και πάλι δεν της απάντησε.

Είχε δύο μέρες να τον ακούσει. Αν δεν επέστρεφε αύριο, θα έπρεπε να στείλει SOS: *Τρέξτε να βρείτε τον Τζακ!* Αλλά ο Τζακ δε θα ήθελε βοήθεια κι εκείνη δεν ήθελε να στείλει SOS.

Περπάτησε ως τη λιμνούλα με το πόσιμο νερό, γέμισε το μπουκάλι της και μάζεψε μπιζέλια για το βραδινό φαγητό. Σκεφτόταν πως ο Τζακ θα γυρνούσε ως το πρωί. Σκεφτόταν πως δεν μπορεί, κάτι θα συνέβαινε!

Και πράγματι συνέβη.

Ένας ταχυπέτης βούτηξε στη λιμνούλα για να πιει νερό. Στο πόδι του ήταν δεμένο ένα κομμάτι χαρτί.

Ήταν εύκολο να φωνάξεις το Γαλιλαίο, αν είχες να του δώσεις κανένα ψάρι. Η Νιμ όμως δεν είχε.

— Έλα κοντά μου, τον καλόπιασε, έλα εδώ!

Το μεγάλο πουλί τινάχτηκε, πέταξε ψηλά, γύρισε κι έκανε βουτιά. Βούτηξε τόσο χαμηλά πάνω στη Νιμ που τα φτερά του άγγιξαν τα μαλλιά της, και τόσο αργά που κατάφερε να του τραβήξει το χαρτί από το πόδι του.

Αγαπημένη μου Νιμ,

Σκέφτηκα να προσφέρω ένα ψάρι στο Γαλιλαίο για να με αφήσει να ταχυδρομήσω ένα γράμμα για σένα.

Έστησα τρομερό καβγά με μια απαίσια καταιγίδα. Νίκησε η καταιγίδα. Μου πήρε τη δορυφορική κεραία μου, τον άξονα του πηδαλίου κι ένα κομμάτι από το μέτωπό μου.

Δεν καταλαβαίνω αν κοιμήθηκα μία ή δύο μέρες. Μην εκπέμψεις SOS. Ένα σπασμένο πηδάλιο δε θα με εμποδίσει να γυρίσω σπίτι!

Σ' αγαπάω (τόσο πολύ όσο ο ταχυπέτης αγαπάει τα ψάρια)!

Τζακ

Η Νιμ έτρεξε μέχρι κάτω στο λόφο, κουνώντας το γράμμα στο ένα της χέρι και το μπουκάλι με το νερό στο άλλο.

— Ο Τζακ είναι μια χαρά! τραγουδούσε χορεύοντας σαν τρελή παρέα με το Φρεντ, γύρω γύρω από τη Σέλκι. Γυρίζει σπίτι! φώναζε.

Ύστερα έγραψε δύο γράμματα.

Αγαπημένε μου Τζακ,

Χάρηκα ΤΟΣΟ ΠΟΛΥ όταν ο Γαλιλαίος μου έδωσε το γράμμα σου. Δεν πίστεψα στ' αλήθεια πως είχες ξεχάσει να γυρίσεις σπίτι, αλλά προτιμούσα αυτή τη σκέψη από κάποιες άλλες.

Έχω πολλή δουλειά, κάνω ένα πείραμα, αλλά θα σου εξηγήσω όταν επιστρέψεις, γιατί τώρα πρέπει να στείλω ένα μήνυμα.

Σ' αγαπάω (τόσο πολύ όσο ο Φρεντ αγαπάει τις καρύδες)!

Νιμ

Από: jack.rusoe@explorer.net
Προς: aka@incognito.net
Αποστολή: Πέμπτη 1 Απριλίου, 18:30

Αγαπητέ Άλεξ Ρόβερ,

Σήμερα άρχισα να πειραματίζομαι για να ανακαλύψω πώς μπορώ να φτιάξω τη σχεδία σου.

Πέταξα είκοσι καρύδες στο Λιμανάκι της Κλειδαρότρυπας. Έτσι θα καταλάβω για πόσο καιρό μπορούν να επιπλέουν. Δε θα το σκάσουν από κει, εκτός κι αν ξεσπάσει καταιγίδα με πραγματικά τεράστια κύματα.

Ελπίζω να μην ξεσπάσει.

Νιμ

Κατόπιν ξεφλούδισε μια μπανάνα, την έριξε πάνω σε μια φέτα ψωμί και σκόρπισε από πάνω φρέσκα φύκια.

«Ένα μήνυμα» έγραψε το κουτί με τα μηνύματα στην οθόνη.

Από: aka@incognito.net
Προς: jack.rusoe@explorer.net
Αποστολή: Πέμπτη 1 Απριλίου, 13:37

Αγαπητή Νιμ,

Ο ήρωάς μου θα καταστραφεί, θα εξοντωθεί, θα πάθει κατάθλιψη και θα γίνει μούσκεμα, αν δεν επιπλεύσει η σχεδία του!

Με τι μοιάζει το Λιμανάκι της Κλειδαρότρυπας;

Φαντάζομαι ένα δακτύλιο με μαύρα βράχια να προεξέχουν από την παραλία. Βράχια ολόγυμνα μπροστά στη γαλάζια θάλασσα, να προστατεύουν ένα νερό που στριφογυρνάει σαν χαζό γύρω γύρω σε μια ειδυλλιακή λιμνούλα, με είκοσι καρύδες που περιμένουν να γίνουν σχεδία.

Οι Καρύδες από το Λιμανάκι της Κλειδαρότρυπας... Μμμ... Υπέροχος τίτλος!

Χιλιάδες ευχαριστώ,

Άλεξ

Η Νιμ διάβασε τρεις φορές το μήνυμα. Τη ζέσταινε και την έκανε να χαμογελάσει. Το ίδιο είχε νιώσει κι όταν τελείωνε την *Τρέλα του Βουνού*. Ο Άλεξ Ρόβερ περιέγραψε το Λιμανάκι της Κλειδαρότρυπας λες και γνώριζε όχι μόνο το νησί, αλλά και την ίδια τη Νιμ.

5

Η ΝΙΜ ΣΤΑΘΗΚΕ στην εξώπορτα κοιτάζοντας τη θάλασσα για μια τελευταία φορά προτού δύσει ο ήλιος, μήπως ο Τζακ γυρνούσε γρηγορότερα απ' ό,τι πίστευε, γιατί όσο κι αν της άρεσε να διαβάζει τα μηνύματα του Άλεξ Ρόβερ, προτιμούσε να δει τα πανιά του Τζακ.

Αυτό που διέκρινε μέσα από τις σκιές δεν ήταν ένα πλοίο αλλά μια καφεπράσινη κηλίδα να επιπλέει στα κύματα.

— Έρχεται η Κίκα! φώναξε ενθουσιασμένη, αλλά η Σέλκι κι ο Φρεντ είχαν ξαπλώσει για το βραδινό τους ύπνο.

Η Σέλκι έβγαλε μια περίεργη κραυγή, αλλά δεν κουνήθηκε κανένας τους.

Σε λίγα λεπτά θα σκοτείνιαζε εντελώς. Η

Νιμ έβαλε το πουλόβερ της κι άρπαξε το φακό.

Το φως του φάνταζε χλωμό στο σούρουπο, καθώς πηδούσε τα βράχια στην Αμμουδιά της Θαλάσσιας Χελώνας. Άρχισε να περπατάει αργά στην κρύα, νυχτερινή άμμο, έσβησε το φακό της και περίμενε.

Η θαλάσσια χελώνα κατευθυνόταν σταθερά προς το μέρος της, ένα σκοτεινό καβούκι στα γκρίζα κύματα που σηκώθηκε στην άμμο.

Η Νιμ την πλησίασε.

— Καλώς ήρθες, Κίκα!

Η Κίκα ήταν πολύ απασχολημένη για να απαντήσει. Τράβηξε το τεράστιο κορμί της ψηλά, πάνω από την πλημμυρίδα, κι άρχισε να ανοίγει μια τρύπα στην άμμο με τα δυνατά μπροστινά της πτερύγια. Ήταν μια δύσκολη δουλειά, γεμάτη γογγητά.

Η Νιμ κάθισε σταυροπόδι δίπλα στη χελώνα, παρακολουθώντας την ήσυχα στο σκοτάδι, διώχνοντας την άμμο από τα υγρά της μάτια, μέχρι που η Κίκα άνοιξε μια τρύπα όσο βαθιά κι όσο πλατιά έπρεπε να είναι.

Τα αστέρια έλαμπαν και καθρεφτίζονταν στη θάλασσα, ένα παχουλό μισοφέγγαρο ανέτειλε ανάμεσά τους και το ένα στρογγυλό, άσπρο αυγό μετά το άλλο τσούλησε στον πάτο της φωλιάς.

— Ενενήντα εννέα! ψιθύρισε η Νιμ, καθώς η Κίκα έσπρωχνε άμμο στην τρύπα.

Κουνούσε το βαρύ κορμί της μπρος-πίσω, ώσπου η άμμος ίσιωσε κι έγινε σκληρή και λεία. Δεν ήθελε να γνωρίζει κανένας πού ήταν κρυμμένα τα πολύτιμα μωρά της.

— Πού ξέρεις; της είπε η Νιμ. Σε μερικά χρόνια μπορεί να έρθουν εδώ να γεννήσουν τα αυγά τους ενενήντα εννέα χελώνες!

Από τότε που θυμόταν, η Κίκα ήταν η μοναδική θαλάσσια χελώνα που έβγαινε έξω από τη θάλασσα σε αυτή την παραλία, όπου είχε εκκολαφθεί κι εκείνη, και γεννούσε τα αυγά της.

— Μπορεί κι αυτή τη χρονιά να έρθουν κάποιες από τις κόρες σου. Θα είναι μεγάλες τώρα, συνέχισε, γαργαλώντας το ρυτιδιασμένο σαγόνι της Κίκα, ώσπου τα μάτια της σοφής χελώνας ανοιγόκλεισαν ευτυχισμένα. Θα τις συναντήσεις όταν έρθουν να γεννήσουν κι αυτές τα αυγά τους — και μετά θα έρθουν με τη σειρά τους οι δικές τους κόρες, και μετά οι κόρες τους κι ένα σωρό χελώνες!

Η Κίκα ανοιγόκλεισε και πάλι τα μάτια της. Αυτή τη φορά νυσταγμένη.

Η Νιμ φίλησε την κορυφή του ρυτιδιασμένου κεφαλιού της κι ακολουθώντας το φως του φακού της πήγε κι εκείνη να ξαπλώσει στο κρεβάτι της.

Ο Τζακ δεν καταλάβαινε γιατί η Κίκα προτιμούσε να μένει αντί να φεύγει μόλις γεννούσε τα αυγά της. Έτσι έκαναν τουλάχιστον οι θαλάσσιες χελώνες. Η Νιμ όμως το καταλάβαινε. Ήθελε να δει και πάλι τους φίλους της.

Το έδειχνε με τον τρόπο που έτριβε το λαιμό της πάνω στην αγκαθωτή πλάτη του Φρεντ, όταν άφηνε τη Σέλκι να ρουθουνίζει πάνω της και τη Νιμ να της γαργαλάει το σαγόνι. Το έδειχνε κουνώντας το κεφάλι της κι ανοιγοκλείνοντας τα μάτια της στη Νιμ, καθώς εκείνη αναρωτιόταν για τα μέρη που είχε επισκεφθεί και για τα όσα είχε δει, και της διηγούνταν τι έκαναν τόσο καιρό, για το χαλασμένο πηδάλιο του Τζακ, και τα μηνύματα του Άλεξ Ρόβερ. Την Κίκα δεν μπορούσε να την αγκαλιάσει εύκολα, αλλά ήταν καλή ακροάτρια.

Όσο ζέσταινε το πρωινό, λιάζονταν στα ήρεμα, ρηχά νερά στην Αμμουδιά της Θαλάσσιας

Χελώνας. Η Κίκα ήταν κουρασμένη γιατί είχε κολυμπήσει εκατοντάδες χιλιόμετρα κι είχε γεννήσει ενενήντα εννέα αυγά. Η Νιμ ήταν κουρασμένη γιατί είχε ξενυχτήσει, παρακολουθώντας την Κίκα να γεννάει. Η Σέλκι ήταν κουρασμένη γιατί ανησυχούσε που ξενυχτούσε η Νιμ. Ο Φρεντ δεν ήταν κουρασμένος, αλλά δεν τον πείραζε καθόλου να παριστάνει τον κουρασμένο, όταν ήταν όλοι οι υπόλοιποι.

Λίγο προτού δύσει ο ήλιος, η Νιμ έτρεξε στο λαχανόκηπο για να δει τι είχε ωριμάσει. Μάζεψε ένα μαρούλι και μια ντομάτα για να φτιάξει σαλάτα, επίσης ξέθαψε μια γλυκοπατάτα για να την ψήσει στη φωτιά που θα άναβε και να τη φάει με φρέσκες πεταλίδες από τα βράχια και με καρύδα για επιδόρπιο.

Από: jack.rusoe@explorer.net
Προς: aka@incognito.net
Αποστολή: Παρασκευή 2 Απριλίου, 18:25

Αγαπητέ Άλεξ Ρόβερ,

Σήμερα δεν κοίταξα να δω τι έγινε με το πείραμά μου, γιατί χθες το βράδυ εμφανίστηκε στην Αμμουδιά της Θαλάσσιας Χελώνας η Κίκα για να γεννήσει τα αυγά της. Της αρέσει να κάθομαι δίπλα της όταν γεννάει. Η Κίκα είναι μια πράσινη, θαλάσσια χελώνα κι αγαπάει τη Σέλκι και το Φρεντ. Έτσι, όλη τη μέρα τής κάναμε συντροφιά.

Ο Τζακ θα γυρίσει σπίτι γρήγορα και θα δει αν κάνω το πείραμα σωστά.

Νιμ

ΥΓ. Το Λιμανάκι της Κλειδαρότρυπας είναι όπως ακριβώς το περιέγραψες!

Από: aka@incognito.net
Προς: jack.rusoe@explorer.net
Αποστολή: Παρασκευή 2 Απριλίου, 13:30

Αγαπητή Νιμ,

Ο καλύτερος τρόπος για να γίνει το πείραμα είναι αυτός που επιλέγει ο Αρχιπειραματιστής μου!

Και τώρα φαντάζομαι την Αμμουδιά της Θαλάσσιας Χελώνας: χρυσαφένια άμμος, χαραγμένη με πατημασιές από πτερύγια μιας πολύ σπουδαίας χελώνας. Κι από πίσω τους οι δικές σου πατημασιές...

Χελωνοπρασίνισα από τη ζήλια μου!

Σε φιλώ,
Άλεξ

Η Άλεξ Ρόβερ κάθισε και κοίταξε το κομπιούτερ της. Δεν ήταν και τόσο εύκολο να το δει, γιατί το γραφείο της ήταν γεμάτο με βιβλία για τους ωκεανούς και τα νησιά, με περιοδικά για πλοία και σχεδίες, με βίντεο για θαλασσοπούλια και ζώα.

Οι τοίχοι ήταν σκεπασμένοι με χάρτες όλου του κόσμου, με πίνακες του φεγγαριού και των αστεριών, με θαλασσογραφίες: ήρεμη και γαλάζια θάλασσα, άγρια και γκρίζα θάλασσα και όποια άλλη ενδιάμεση κατάσταση· αλλά και φωτογραφίες που απεικόνιζαν αμμουδερές παραλίες, βράχια, φοίνικες, τροπικά νησιά, κοραλλιογενείς υφάλους, γλάρους και ταχυπέτες.

Αλλά η Άλεξ σκεφτόταν τη Νιμ κι αναρωτιόταν αν η Σέλκι κι ο Φρεντ ήταν η αδελφή της κι ο αδελφός της ή ζωάκια.

6

Η ΝΙΜ ΞΥΠΝΗΣΕ με τη σχεδία του Άλεξ Ρόβερ στη σκέψη της.

Δεν μπορείς να καρφώσεις δύο καρύδες μαζί, αποφάσισε, αλλά αν είχε μια λεπτή σανίδα... και παράτασσε τις καρύδες στη σειρά... Τότε θα μπορούσε να καρφώσει τις καρύδες με καρφιά στη σανίδα.

Αλλά τις καρύδες δεν μπορούσες να τις κρατήσεις σταθερές την ώρα που τις καρφώνεις. Αναποδογυρίζουν και τις καρφώνεις από τη λάθος μεριά...

— Άουτς! φώναζε η Νιμ, τόσο δυνατά και τόσο συχνά, που ο Φρεντ κρύφτηκε στη σπηλιά του, μήπως και ήταν δικό του το λάθος.

Έπειτα από δύο ώρες είχε ένα μελανιασμένο αντίχειρα και ένα σωρό καρύδες για να φάει. Και μία άσπαστη καρύδα.

— Πάμε να βρούμε την Κίκα! είπε η Νιμ.

Η Κίκα ξεκουραζόταν στην υγρή άμμο, παρακολουθώντας την παλίρροια. Μόλις είδε τι κουβαλούσαν οι φίλοι της, ανοιγόκλεισε χαρούμενη τα μάτια της.

Το αγαπημένο της παιχνίδι ήταν το καρυδοποδόσφαιρο.

Έτσι το ονόμαζε η Νιμ, γιατί το ποδόσφαιρο ήταν το μοναδικό παιχνίδι που είχε δει σε φωτογραφία κι επειδή κανένας άλλος δεν είχε βρει ένα όνομα για το παιχνίδι που έπαιζαν ένα κορίτσι, μια θαλάσσια λιονταρίνα, μια θαλάσσια χελώνα κι ένα ιγκουάνα, προσπαθώντας να ρίξει ο καθένας πρώτος μια καρύδα που επέπλεε στη στεριά. Δεν υπήρχαν κανόνες, εκτός του ότι η Σέλκι δεν έπρεπε να τραβήξει την ουρά του Φρεντ κι η Κίκα να καθίσει πάνω σε μια καρύδα, μέσα στο νερό.

Η Σέλκι έκλεβε συχνά. Η Κίκα όχι και τόσο, αλλά όταν το έκανε, ήταν πραγματικά καλή.

Έτσι η Νιμ έριξε την καρύδα στο νερό κι ο Φρεντ βούτηξε πίσω της, γιατί ήταν ο πιο γρήγορος κι ο καλύτερος στο να ανακαλύπτει πού είχε προσγειωθεί. Η Σέλκι χώθηκε στο νερό από κάτω του, κάνοντας την καρύδα να πεταχτεί στην επιφάνεια της θάλασσας, πιτσιλώντας τους όλους. Κατόπιν η Σέλκι προσπάθησε να πετάξει και το Φρεντ έξω από τη θάλασσα, αλλά η Νιμ την είδε κι έβαλε τις φωνές, κι ενώ η Σέλκι την κοίταξε με το πιο αθώο της ύφος, η Κίκα άρπαξε την καρύδα.

Την έχωσε κάτω από το δυνατό χελωνίσιο της πιγούνι και δεν έδωσε καμία σημασία στους άλλους, που τη γαργαλούσαν, την τραβούσαν, την έσπρωχναν και προσπαθούσαν να της πάρουν την καρύδα. Τους τράβηξε όλους προς την παραλία κι όταν έφτασε στην ακροθαλασσιά, έμεινε εκεί με την καρύδα από κάτω της και δεν κουνιόταν με τίποτα. Και επειδή κανένας δεν μπορούσε να κουνήσει την Κίκα αν δεν το ήθελε εκείνη, αυτό σήμαινε και το τέλος του παιχνιδιού.

— Ισοπαλία, είπε η Νιμ. Η Κίκα δε νίκησε, αφού η καρύδα είναι ακόμα μέσα στο νερό. Έτσι είμαστε όλοι μηδέν μηδέν.

Η Κίκα την κοίταξε με όση αυταρέσκεια μπορεί να κοιτάξει μια θαλάσσια χελώνα και δεν έδειξε να τη νοιάζει καθόλου το αποτέλεσμα.

Αργότερα το ίδιο απόγευμα, η Νιμ περπάτησε μέχρι το Λιμανάκι της Κλειδαρότρυπας για να ρίξει μια ματιά στις καρύδες. Και οι είκοσι επέπλεαν χαρούμενες γύρω γύρω στο λιμανάκι, χτυπούσαν ελαφρά η μία την άλλη κι ανεβοκατέβαιναν στο νερό, ελεύθερες και ευτυχισμένες...

— Το βρήκα! φώναξε η Νιμ.

Από: jack.rusoe@explorer.net
Προς: aka@incognito.net
Αποστολή: Σάββατο 3 Απριλίου, 18:20

Αγαπητέ Άλεξ Ρόβερ,

Σκεφτόμουν πώς μπορείς να φτιάξεις τη σχεδία σου. Δε γίνεται να καρφώσεις τις καρύδες σε μια σανίδα, γιατί σπάνε τα κελύφη τους, αλλά ακόμα κι αν δε σπάσουν αμέσως, θα διαλυθούν μετά και η σχεδία θα βουλιάξει.

Τι λες αν έβαζες τις καρύδες σε κάτι σαν σάκο; Πώς θα έφτιαχνες αυτόν το σάκο;

Και πού θα πήγαινες με τη σχεδία σου;

Φιλικά,
Νιμ

Από: aka@incognito.net
Προς: jack.rusoe@explorer.net
Αποστολή: Σάββατο 3 Απριλίου, 13:23

Αγαπητή Νιμ,

Νιώθω σαν βασίλισσα στην κυψέλη της, να τεμπελιάζω ενώ εσύ δουλεύεις!

Μια σχεδία-σάκος μού φαίνεται ό,τι πρέπει. Τώρα το μόνο που χρειάζομαι είναι να σκεφτώ πώς μπορεί να ανακαλύψει ο ήρωάς μου ένα μεγάλο σάκο σε ένα απομονωμένο, τροπικό νησί! Μπορεί να τον έχωσαν σε ένα σάκο οι κακοί και μετά να τον έριξαν στη θάλασσα! Αρκεί να μην έδεσαν το σάκο γερά.

Ο ήρωάς μου πηγαίνει σε ένα μικροσκοπικό νησάκι του Ειρηνικού Ωκεανού, πιο γρήγορα κι από μια γυναίκα που τρέχει να ψωνίσει στις εκπτώσεις. Τρέχει να προλάβει να σώσει την ηρωίδα. (Ενώ εγώ κάθομαι σπίτι μου και χουζουρεύω σαν σαλιγκάρι στο καβούκι του!)

Σου στέλνω και το χάρτη που σχεδίασα για το βιβλίο μου. Πάτησε δύο φορές το ποντίκι πάνω στην εικόνα για να ανοίξει.

Πολλούς χαιρετισμούς,
Άλεξ

Η Νιμ πάτησε δύο φορές το ποντίκι.

Το στομάχι της σφίχτηκε.

Κοίταξε το χάρτη στον τοίχο και μετά το χάρτη στην οθόνη και μετά πάλι το χάρτη στον τοίχο.

Στον Τζακ άρεσαν πολύ οι χάρτες. Σχεδίαζε χάρτες του νησιού τους, τα θαλάσσια ρεύματα γύρω του και τα μέρη στα οποία είχε πλεύσει. Κι επειδή το νησί τους δεν μπορούσες να το βρεις στο χάρτη του κόσμου, το σχεδίασε ο ίδιος στο χάρτη, κοντά στην τομή των δύο γραμμών. Σε αυτή που περνάει στη μέση της γης σαν ζώνη και σε μία κατακόρυφη γραμμή, που περνάει από τους δύο πόλους.

— *Αυτό* είναι το νησί του ήρωα! ψιθύρισε η Νιμ. Κι αυτό σημαίνει... Σέλκι! Φρεντ! φώναξε. Ο Άλεξ Ρόβερ έχει έρθει στο νησί μας! Έτσι τουλάχιστον νομίζω, πρόσθεσε λίγο αργότερα.

Εκείνη τη νύχτα άργησε πολύ να κοιμηθεί.

Το επόμενο πρωί η Νιμ τραγουδούσε ξεχορταριάζοντας το λαχανόκηπο, σκάβοντας και μαζεύοντας καρπούς. Σιγοτραγουδούσε μετρώντας και σημειώνοντας στους πίνακές της κι ύστερα, όταν σκαρφάλωσε στο Φοίνικα-Παρατηρητήριο για να αναζητήσει πανιά, άρχισε να τραγουδάει τόσο δυνατά, που ένας γλάρος τρόμαξε και του έπεσε το ψάρι που κρατούσε.

— Να τι θα κάνουμε σήμερα! είπε και γλίστρησε κάτω από το δέντρο.

Άρπαξε το καλάμι ψαρέματος και συνάντησε το Φρεντ και τη Σέλκι στην Αμμουδιά της Θαλάσσιας Χελώνας. Η Κίκα έτρωγε φύκια στο σημείο όπου βάθαινε το νερό. Στη Σέλκι δεν άρεσε να κολυμπάει στα βαθιά η Νιμ, αλλά την άφησε να βουτήξει για λίγο.

Ο Φρεντ έμεινε κοντά στην Κίκα μήπως κι έβρισκε κανένα ενδιαφέρον φυτό της θάλασσας που δεν είχε ξαναδοκιμάσει. Η Σέλκι κυνήγησε τη Νιμ πίσω στα ρηχά και μετά πήγε πιο βαθιά να ψαρέψει, ενώ η Νιμ σκαρφάλωσε στα βράχια, εκεί όπου είχε αφήσει το καλάμι.

Το καλάμι ήταν δυνατό κι ελαστικό, φτιαγμένο από μπαμπού. Ο Τζακ το είχε φτιάξει για τα γενέθλιά της και της έμαθε να ρίχνει την πετονιά με ένα συριστικό ήχο — το καλύτερο μέρος του ψαρέματος, όπως πίστευε η Νιμ.

Δεν της άρεσε καθόλου να πιάνει ένα ψάρι αμέσως. Ήταν σαν να σταματούσε ένα παιχνίδι με την πρώτη μπαλιά. Επτά προσπάθειες αυτή τη φορά κι ένα ασημί ψάρι χοροπηδούσε στην άκρη της πετονιάς. Είχε το κατάλληλο μέγεθος για φαγητό.

— Με συγχωρείς, ψάρι, είπε η Νιμ και το σκότωσε γρήγορα.

Αυτό ήταν το μέρος του ψαρέματος που δεν της άρεσε καθόλου.

Πάντως αυτό άρεσε πολύ στη Σέλκι. Όπου κι αν βρισκόταν, ρηχά ή βαθιά, καταλάβαινε πάντα τη στιγμή που η Νιμ είχε πιάσει κάτι.

— Περίμενε! τη διέταξε η Νιμ, αλλά η Σέλκι δεν μπορούσε να κάνει υπομονή όταν καθαριζόταν ένα ψάρι και περίμενε τα σπλάχνα κι άλλα κομματάκια που πετούσε η Νιμ.

Όταν καθαρίστηκε το ψάρι και η Σέλκι σταμάτησε να παραπονιέται για να της δώσει κι άλλο, η Νιμ το τύλιξε με φύλλα και άναψε μια φωτιά στην παραλία.

Έσυρε μερικά πεσμένα κλαδιά και ξύλα που βρήκε εκεί γύρω και τα έκανε ένα σωρό. Για προσάναμμα χρησιμοποίησε ξερά φύλλα φοίνικα.

Όταν άναβαν φωτιά τη νύχτα παρέα με τον Τζακ, χρησιμοποιούσαν σπίρτα. Αλλά τα σπίρτα ήταν πολύτιμα, γιατί τα έφερνε το τροφοδοτικό πλοίο. Έτσι, στη διάρκεια της μέρας, προτιμούσαν να χρησιμοποιούν γυαλί και τις ακτίνες του ήλιου.

Ξεβίδωσε τους φακούς από τα κιάλια της και τους τοποθέτησε πάνω στο προσάναμμα ώστε να πέφτουν πάνω τους οι ηλιαχτίδες. Ένας καφετής λεκές μεγάλωσε κι έλαμψε. Μια φλογίτσα σπινθηροβόλησε στα ξερά φύλλα του φοίνικα, άρπαξε και τα μικρά κλαδιά κι άρχισε να φουντώνει.

Η Νιμ έριξε μια γλυκοπατάτα στα ζεστά κάρβουνα κι έψησε το ψάρι της χρησιμοποιώντας ένα μακρύ κλαδί.

Μετά το φαγητό ξάπλωσαν όλοι στην παραλία. Η παλίρροια κυμάτιζε δίπλα τους κι όταν άρχισε η πλημμυρίδα, μετακινήθηκαν πιο πάνω. Η Νιμ διάβαζε ένα βιβλίο ξαπλωμένη στην άμμο, έχοντας τα πόδια της βυθισμένα μέσα στο νερό.

Κάθε λίγο και λιγάκι κοιτούσε τον ορίζοντα μήπως εμφανιστούν πανιά και περίμενε να έρθει η ώρα να στείλει το μήνυμά της.

Από: jack.rusoe@explorer.net
Προς: aka@incognito.net
Αποστολή: Κυριακή 4 Απριλίου, 18:26

Αγαπητέ Άλεξ Ρόβερ,

Ποτέ δεν ένιωσα τέτοιο ενθουσιασμό σε ΟΛΟΚΛΗΡΗ ΤΗ ΖΩΗ ΜΟΥ! (Εκτός από τη στιγμή που ο Φρεντ έμαθε να σκαρφαλώνει στους ώμους μου, όταν του σφύριζα.)

Είσαι πραγματικά ο ήρωας; Έχεις επισκεφθεί το νησί μας; Γιατί ο χάρτης που μου έστειλες είναι ολόιδιος με το δικό μας χάρτη και το νησί του ήρωά σου βρίσκεται εκεί όπου βρίσκεται και το δικό μας νησί. Γι' αυτό ήξερες με τι έμοιαζε το Λιμανάκι της Κλειδαρότρυπας κι η Αμμουδιά της Θαλάσσιας Χελώνας;

Θα ξανάρθεις;

Νιμ

Από: aka@incognito.net
Προς: jack.rusoe@explorer.net
Αποστολή: Κυριακή 4 Απριλίου, 13:29

Αγαπητή Νιμ,

Αυτό κι αν είναι υπέροχο! Δεν μπορώ να σκεφτώ κάτι πιο εκπληκτικό για ένα συγγραφέα: να δημιουργεί με τη φαντασία του ένα νησί και μετά να στέλνει μήνυμα σε κάποιον που ζει εκεί!

Θα σου εξηγήσω τι έγινε.

Έφτιαξα μια ιστορία για έναν ήρωα και μια πανέμορφη ηρωίδα που ταξιδεύουν με το πλοίο τους σε ολόκληρο τον κόσμο, κάνοντας χρήσιμες, επιστημονικές έρευνες. Για να είναι ενδιαφέρουσα η ιστορία, σκαρφίστηκα κάποιους κακούς που κλέβουν το πλοίο τους, απαγάγουν την ηρωίδα και πετούν τον ήρωα στη θάλασσα. Αλλά μια και το μυθιστόρημά μου χρειάζεται ευτυχισμένο τέλος, σκαρφίστηκα κι ένα νησί όπου ο ήρωάς μου θα φτιάξει μια σχεδία, για να μπορέσει να πάει να βρει τους κακούς και να σώσει την αγαπημένη του.

Έτσι κοίταξα στο χάρτη και σχεδίασα μια κουκκιδίτσα κοντά στο ρεύμα κάποιου ωκεανού, που θα παρασύρει τον ήρωα σε αυτό το νησάκι. Σε ένα νησάκι, που το έχει δημιουργήσει κάποιο ηφαίστειο, χρόνια πριν, με ζεστό κλίμα και πολλές καρύδες για να τρώει.

Θα ήθελες να είσαι τα Μάτια του Νησιού μου και να μου λες τι βλέπεις; Δεν έχω έρθει ποτέ στο νησί σου, Νιμ. Δεν έχω κότσια ήρωα για να έρθω.

Πολλούς χαιρετισμούς,
Άλεξ

7

ΣΤΗΝ ΚΟΡΥΦΗ του Βουνού της Φωτιάς ένιωθες ίδιος ταχυπέτης. Αισθανόσουν πως μπορούσες να πετάξεις κόντρα στους ανέμους και να δεις ό,τι κι αν επιθυμούσες.

Έβλεπες τις παραλίες του νησιού, τις αμμουδιές του, τα λιβάδια και τους λόφους, τα βράχια και το δάσος.

Έβλεπες πέρα μακριά τον ορίζοντα, τη θάλασσα που κατέληγε στην άκρη της γης.

Νωρίς το επόμενο πρωί η Νιμ σφύριξε στο Φρεντ και αποχαιρέτησε τη Σέλκι.

— Θα είμαι προσεκτική, της υποσχέθηκε.

Ύστερα σιγουρεύτηκε πως τα κιάλια της κρέμονταν στο λαιμό της για να μπορεί να ψάχνει τον Τζακ, έχωσε ένα σημειωματάριο κι ένα μολύβι στην τσέπη της, για να κρατάει σημειώσεις για τον Άλεξ, έβαλε δύο μπανάνες, λίγη καρύδα, δύο φέτες ψωμί και το παγούρι της από μπαμπού στο σακίδιό της, για να έχει να τρώει και να πίνει σε όλη τη διαδρομή.

Ύστερα ξεκίνησε να σκαρφαλώσει στο Βουνό της Φωτιάς.

Σταμάτησε στη λιμνούλα για να γεμίσει το παγούρι της και μετά έκλεισε σφιχτά το καπάκι του και σκαρφάλωσε πιο ψηλά. Πέρασε την κορυφή του καταρράκτη, ακολουθώντας το ποταμάκι μέσα από τα μπερδεμένα κλήματα και τα αγριολούλουδα. Ο αέρας γινόταν ολοένα και πιο υγρός και η Νιμ είχε ιδρώσει.

— Φρεντ! Κατέβα και περπάτα! φώναξε.

Αλλά στον Φρεντ άρεσε πολύ να τον κουβαλάνε και η Νιμ ένιωσε ένα δροσερό φτάρνισμα αλμυρού νερού στην πλάτη της.

— Εντάξει, του είπε. Αλλά θα ξεκουραστούμε λιγάκι.

Το ποταμάκι ήταν ρηχό και ζεστό, ωστόσο βούτηξαν μέσα και δρόσισαν τα ιδρωμένα τους κορμιά. Η Νιμ ξάπλωσε ανάσκελα κι άρχισε να ξεφλουδίζει μια μπανάνα, ενώ ο Φρεντ κοιτούσε την καρύδα.

— Αργότερα, χαμογέλασε η Νιμ.

Ο Φρεντ ετοιμάστηκε να κατσουφιάσει, αλλά ζεσταινόταν πολύ για να το προσπαθήσει.

Σκαρφάλωσαν ψηλότερα. Το χώμα ήταν κατάμαυρο, γεμάτο χαλίκια. Έβλεπαν μονάχα γκρίζα στάχια και το ποταμάκι είχε εξαφανιστεί.

Σε λιγάκι δεν υπήρχαν καθόλου φυτά, μόνο υδρατμοί. Μύριζε χαλασμένο αυγό, όπως και στις Σφυριχτές Πέτρες, αλλά εκατό φορές πιο έντονα.

— Πουφ! έβηξε η Νιμ κι ο Φρεντ φταρνίστηκε και πάλι με ένα δυστυχισμένο ύφος.

Πριν από πολλά, πολλά χρόνια το Βουνό της Φωτιάς ήταν μια στρογγυλή, πράσινη κορυφή. Ξαφνικά, μια βροντερή μέρα, έγινε σεισμός κι από την κορυφή ξεχύθηκε μια καρδιά που έβραζε, ξερνούσε και κυλούσε λάβα. Η στρογγυλή, πράσινη κορυφή εξαφανίστηκε.

Τώρα η κορυφή του βουνού ήταν μια κοφτερή, γκρίζα άκρη με ένα μεγάλο κρατήρα που έβγαζε καπνούς.

Η Νιμ ήθελε να ρίξει μια ματιά στον κρατήρα, αλλά το σύννεφο του ατμού ήταν τόσο παχύ που την εμπόδιζε να δει και τόσο αποπνικτικό που την εμπόδιζε να αναπνεύσει. Κι όσο περισσότερο στεκόταν στα βράχια τόσο πιο ζεστά γίνονταν. Αναγκάστηκε να χοροπηδάει από το ένα πόδι στο άλλο και τελικά να τρέξει μακριά από τον καπνό, μακριά από τη ζέστη, στην πιο ψηλή κορυφή του βουνού.

Κάθισε κάτω, ο Φρεντ σκαρφάλωσε στους ώμους της και πήραν μια βαθιά ανάσα.

— Πικ νικ; ρώτησε η Νιμ και μοιράστηκαν την καρύδα και το νερό. Ύστερα η Νιμ έφαγε το ψωμί, τη δεύτερη μπανάνα και κοίταξε προς τα κάτω.

Σε όποια μεριά κι αν έβλεπε με τα κιάλια της, όσο μακριά κι αν έφτανε η ματιά της, ο ωκεανός ήταν άδειος. Δεν έβλεπε άσπρα πανιά ή κάτι άλλο που μπορούσε να είναι το πλοίο του Τζακ. Το μόνο που είδε ήταν ένας ταχυπέτης που ερχόταν από τη μεριά της δυτικής θάλασσας. «Μπορεί να μου φέρνει κι άλλο μήνυμα», σκέφτηκε η Νιμ.

Αλλά πρώτα έπρεπε να γίνει τα Μάτια του Νησιού του Άλεξ Ρόβερ.

Μακριά κάτω της βρισκόταν η κορυφή των Βράχων του Ταχυπέτη, μετά η χρυσαφένια άμμος της Αμμουδιάς της Θαλάσσιας Χελώνας, τα Λιβάδια, η Αμμουδιά των Κοχυλιών, η καλύβα. Και πιο πέρα η Θέση του Θαλάσσιου Λιονταριού, το Λιμανάκι της Κλειδαρότρυπας και οι άγριοι, κατάμαυροι βράχοι λάβας που περιτριγύριζαν το νησί ως την άκρη των Βράχων του Ταχυπέτη. Το νησί ήταν χτισμένο σε στρώματα, σκέφτηκε η Νιμ: παραλίες και βράχια, λιβάδια και τροπικά δάση και τελευταία από όλα, η βραχώδης κορυφή του Βουνού της Φωτιάς.

Έπιασε το σημειωματάριο και το μολύβι της, αλλά δεν πρόλαβε να γράψει και το έδαφος άρχισε να κουνιέται.

Ύστερα η γη μούγκρισε, το βουνό σείστηκε και μια κόκκινη έκρηξη κάλυψε τον ουρανό. Ένα σιντριβάνι λάβας, κόκκινο και γεμάτο φουσκάλες, εκτινάχτηκε από τη μέση του κρατήρα. Η κορυφή του βουνού ψεκάστηκε με χρυσοκόκκινα, αχνιστά αστέρια.

Έμοιαζε με την πιο άγρια καταιγίδα, όταν ο άνεμος και η βροχή πάλευαν μεταξύ τους και βροντούσαν τεράστια κύματα δέρνοντας την παραλία, μόνο που ο άνεμος, η βροχή και τα κύματα ήταν φτιαγμένα από φωτιά.

Ο Φρεντ έμοιαζε με γκρίζα λωρίδα που πετούσε πάνω από γκρίζα βράχια και η Νιμ τον ακολούθησε. Έτρεχε να σώσει τη ζωή της, γλιστρώντας στο ζεματιστό κώνο με τα χαλίκια.

Αλλά ο κώνος ήταν βαθύς και θρυμματιζόταν. Τα πόδια της μπλέχτηκαν, γλίστρησε και κατρακύλησε από το βουνό. Σηκώθηκε και συνέχισε να τρέχει· συναντήθηκε με το Φρεντ στο ποταμάκι, όπου είχαν σταματήσει προηγουμένως για να ξεκουραστούν, κι έτρεξαν τσαλαβουτώντας μέσα του και συνέχισαν να τρέχουν. Της είχε κοπεί η αναπνοή, ζεσταινόταν τόσο πολύ που νόμιζε πως το κεφάλι της ήταν ένα μικροσκοπικό ηφαίστειο κι από μέσα του θα ξεπηδούσαν φλόγες.

Κι όταν ένιωσαν πια σίγουροι πως δεν μπορούσαν να τρέξουν άλλο, έπεσαν μέσα στο κρύο νερό του καταρράκτη και τσούλησαν απαλά μέχρι τη λιμνούλα.

Έμειναν για λίγο εκεί για να πάρουν μια ανάσα και μετά άρχισαν και πάλι να τρέχουν ώσπου έφτασαν στην καλύβα.

Η Σέλκι τους περίμενε ανήσυχη στο βράχο της. Όταν τους είδε γρύλισε, μύρισε ολόκληρη τη Νιμ κι έβγαλε μια λυπημένη κραυγή όταν ανακάλυψε το κόψιμο στο πόδι της.

Ήταν ένα μεγάλο λασπωμένο κόψιμο, μια

βαθιά αυλακιά γεμάτη χαλίκια, το δέρμα είχε σκιστεί αρκετά κι έτρεχε πολύ αίμα. Η Νιμ θα το έπαθε όταν κατρακύλησε στο βουνό, αλλά ήταν πολύ φοβισμένη για να το νιώσει.

Και τώρα που δε φοβόταν πια, πονούσε.

Ξάπλωσε στο βράχο κι άφησε τη Σέλκι να κάνει φασαρία. Κοίταξε ψηλά. Το Βουνό της Φωτιάς ξερνούσε ακόμα χρυσοκόκκινα αστέρια, μια λάμψη κόκκινου και γκρίζου κώνου, αλλά η λάβα δεν τους είχε ακολουθήσει — ήταν ασφαλής στο σπίτι τους.

Δεν είχε δει όμως τα πανιά του Τζακ και δεν μπορούσε να γυρίσει σπίτι της σήμερα το βράδυ, κάτι που σήμαινε πως έπρεπε να κάνει άλλη μια δουλειά. Πήγε το καλάμι ψαρέματος πίσω στα βράχια κι όταν έπιασε ένα ψάρι, το έριξε σε έναν κουβά.

Γιατί μερικές φορές ο Γαλιλαίος ερχόταν όταν τον φώναζαν, αλλά μερικές δεν ερχόταν. Δεν υπήρχε όμως περίπτωση να μην έρθει όταν έβλεπε ένα ψάρι.

Αγαπημένε μου Τζακ,

Σήμερα σκαρφάλωσα στο Βουνό της Φωτιάς, για να δω αν έρχεσαι, αλλά δε σε είδα.

Δεν έκανα τις επιστημονικές μου μετρήσεις ούτε έγραψα κάτι, γιατί το ηφαίστειο εξερράγη όταν βρισκόμασταν στην κορυφή. Αν νομίζεις πως ο Φρεντ τρέχει γρήγορα για να πιάσει μια καρύδα, πού να τον δεις πώς έτρεχε για να αποφύγει μια έκρηξη ηφαιστείου!

Μου φαίνεται πως βλέπω το Γαλιλαίο, οπότε σε χαιρετώ.

Σ' αγαπάω (όσο η Κίκα αγαπάει το ποδόσφαιρο)!

Νιμ

Ένας ταχυπέτης την πλησίασε· ήταν ο Γαλιλαίος. Έτσι η Νιμ πέταξε το ψάρι στον αέρα και φώναξε το όνομά του. Ο Γαλιλαίος βούτηξε χαμηλά κι έμεινε αρκετά κοντά της για να του αφαιρέσει το γράμμα, που ήταν διπλωμένο στο ποδαράκι του, και να το αντικαταστήσει με το δικό της.

— Σ' ευχαριστώ! φώναξε η Νιμ, καθώς το μεγάλο πουλί πέταξε ψηλά στη φωλιά του στα βράχια, και ξετύλιξε το γράμμα του Τζακ.

Αγαπημένη μου Νιμ,

Έβαλα τα δυνατά μου για να φτιάξω το ηη-

δάλιο. Έπρεπε να ανοίξω μια τρύπα στο καουτσούκ του —κάτι που δεν είναι εύκολο κάτω από το νερό—, να περάσω ένα σκοινί στην τρύπα και μετά να οδηγώ με το σκοινί.

Άνοιξα την τρύπα, αλλά χρειάστηκε να βγω έξω από τη θάλασσα, προτού περάσω το σκοινί. Φαίνεται πως οι καρχαρίες εδώ τριγύρω δοκίμασαν το δέρμα που έχασα από το μέτωπό μου στη διάρκεια της καταιγίδας και τους άρεσε πολύ. Έτσι θέλησαν να δοκιμάσουν και το υπόλοιπο μέτωπό μου.

Μόλις με ξεχάσουν, θα προσπαθήσω και πάλι να περάσω το σκοινί και να γυρίσω σπίτι! Αλλά η καταιγίδα με παρέσυρε πολύ μακριά και θα χρειαστώ κάμποσες μέρες.

Σ' αγαπάω (όσο αγαπούν τα πανιά τον άνεμο)!

Τζακ

Η Νιμ διάβασε και ξαναδιάβασε το γράμμα. Και παρόλο που ο Τζακ προσπάθησε να αστειευτεί με την κατάστασή του, ένιωσε πιο μόνη και πιο δυστυχισμένη από ποτέ. Δεν ένιωσε καλύτερα ούτε όταν έστειλε στον Άλεξ Ρόβερ ένα μεγάλο, μεγάλο μήνυμα.

8

ΟΣΗ ΩΡΑ Ο ΤΖΑΚ περίμενε να εξαφανιστούν οι καρχαρίες, ελπίζοντας να φτιάξει το πηδάλιό του κι ανησυχώντας για τη Νιμ, είδε ένα πλοίο.

Άρχισε να χοροπηδάει και να τραγουδάει, γιατί ήθελε πώς και πώς να επιστρέψει στο σπίτι του. Το τραγούδι του δεν είχε ομοιοκαταληξία ούτε ρυθμό, αλλά έλεγε:

Θα γυρίσω σπίτι σύντομα!
Θα δω τη Νιμ αύριο!
Το πλαγκτόν μπορεί να περιμένει!
Κι όλα ωραία και καλά!

Το πλοίο τον πλησίασε. Ήταν ένα ροζ και

μοβ κρουαζιερόπλοιο γεμάτο με Τουρίστες Τροπικών Νησιών.

Σταμάτησε να χορεύει. Σταμάτησε να τραγουδάει. Χλώμιασε και του ήρθε εμετός. Αλλά η Νιμ ήταν πολύ καιρό μόνη της και ήξερε τι έπρεπε να κάνει.

Στην καμπίνα του βρήκε κάτι σημαίες που δεν είχε χρησιμοποιήσει ποτέ: μια με μπλε και άσπρα καρό και μια ριγέ. Όταν τις τοποθέτησε μαζί, δημιουργούσαν το εξής μήνυμα: *SOS — Ελάτε να με σώσετε!* απευθυνόμενος σε οποιονδήποτε ναυτικό τις διάβαζε.

Ύστερα περίμενε. Όσο περισσότερο περίμενε όμως τόσο σκεφτόταν ότι δεν ήθελε να ανακαλύψουν το νησί οι τουρίστες. Δεν ήθελε να τους μιλήσει και δεν ήθελε να αρχίσουν τα επιφωνήματα θαυμασμού όταν θα αντίκριζαν το σπίτι του και θα άρχιζαν να το φωτογραφίζουν. Αλλά πάλι όσο περισσότερο περίμενε τόσο πιο πολύ δεν ήθελε να είναι μόνη της η Νιμ.

Οι θλιμμένες σημαίες κυμάτιζαν στο κατάρτι κι αυτός περίμενε και περίμενε.

Αλλά οι Τουρίστες Τροπικών Νησιών έβαλαν πλώρη για αλλού.

Νωρίς το επόμενο πρωί, όταν η Νιμ καθόταν σε ένα φοίνικα και έψαχνε να βρει τον Τζακ, ένα πλοίο έφτασε στο νησί.

Ήταν μονάχα μια κηλίδα, η Νιμ όμως ζητωκραύγασε και σκέφτηκε πως έπρεπε να τρέξει άκρη άκρη στο Λιμανάκι της Κλειδαρότρυπας και να σφυρίξει μέσα από το κοχύλι της φωνάζοντας:

— Ο ΤΖΑΚ ΧΡΕΙΑΖΕΤΑΙ ΒΟΗΘΕΙΑ! ΨΑΞΤΕ ΝΑ ΒΡΕΙΤΕ ΕΝΑ ΙΣΤΙΟΦΟΡΟ ΜΕ ΣΠΑΣΜΕΝΟ ΠΗΔΑΛΙΟ!

Και τότε είδε με τα κιάλια της τα χρώματα και κατάλαβε πως δε θα φώναζε ποτέ αυτό το πλοίο. Γιατί όσο κι αν ήθελε να γυρίσει σπίτι ο Τζακ, αυτό που επιθυμούσε περισσότερο ήταν να είναι ευτυχισμένος. Και δε θα ήταν ποτέ ευτυχισμένος αν οι Τουρίστες Τροπικών Νησιών έρχονταν και σε αυτό το νησί.

Και παρόλο που δε θα ήξεραν πως ήταν το νησί του Τζακ, αν διέσχιζαν τα γαλανά νερά στο Λιμανάκι της Κλειδαρότρυπας ή αντίκριζαν την ήρεμη άμμο στην Αμμουδιά της Θαλάσσιας Χελώνας, θα καταλάβαιναν πως ήταν το πιο όμορφο νησί του κόσμου. Και θα ξανάρχονταν φέρνοντας κι άλλους τουρίστες μαζί τους και θα πλημμύριζαν το νησί με κόσμο και θόρυβο.

— Α, όχι! Αυτό δε θα το κάνουν! μονολόγησε η Νιμ.

Έτρεξε στην καλύβα κι άνοιξε το λάπτοπ.

Από: jack.rusoe@explorer.net
Προς: aka@incognito.net
Αποστολή: Τρίτη 6 Απριλίου, 14:14

Αγαπητέ Άλεξ Ρόβερ,

Πιστεύω να μη δημιουργώ πρόβλημα που σου γράφω τόσο νωρίς, αλλά σε παρακαλώ απάντησέ μου αμέσως. Τι θα έκανε ο ήρωάς σου αν ετοιμάζονταν να έρθουν οι κακοί στο νησί κι ήθελε να τους διώξει, χωρίς να τον προσέξουν;

Νιμ

Από: aka@incognito.net
Προς: jack.rusoe@explorer.net
Αποστολή: Τρίτη 6 Απριλίου, 09:17

Αγαπητή Νιμ,

Μπορείς να μου γράφεις ό,τι ώρα θέλεις –και δε χρειάζεται να αναφέρεσαι μονάχα στις καρύδες–

εκτός κι αν οι γονείς σου έχουν άλλους κανόνες.

Όταν η πανέμορφη ηρωίδα μου δραπέτευσε από τους κακούς στο βιβλίο μου *Αμμουδιά στο Ηλιοβασίλεμα*, μεταμφιέστηκε. Φόρεσε παλιά ρούχα, αλείφτηκε με γράσο κι έδειχνε τόσο άσχημη που δεν την πρόσεξαν. Αλλά το βρίσκω πολύ δύσκολο να μην προσέξουν ολόκληρο νησί!

Ο ήρωας θα πρέπει να σκαρφιστεί κάτι ώστε οι βράχοι να φαίνονται επικίνδυνοι, ο ύφαλος φοβερός και τρομερός, οι αμμουδιές ανεμοδαρμένες κι ερημικές – ολόκληρο το νησί ένα ανατριχιαστικό και τρομακτικό μέρος.

Μοιάζει με συναρπαστικό παιχνίδι!

Φιλικά,
Άλεξ

Το πλοίο πλησίαζε. Η Νιμ έπρεπε να δουλέψει γρήγορα αν ήθελε να αλλάξει την όψη του νησιού.

Τα θαλάσσια λιοντάρια βρίσκονταν στα βράχια τους και επικοινωνούσαν με το δικό τους συνηθισμένο κώδικα αλλά η Νιμ τα διέκοψε, φωνάζοντας και κουνώντας τα χέρια της. Η Σέλκι κολυμπούσε πίσω της, βγάζοντας παραπονεμένους ήχους.

Το πλοίο πλησίασε κι άλλο. Έσβησε τις μηχανές του — είχαν δει το νησί.

— Κακό πλοίο! φώναξε η Νιμ.

Η Σέλκι έδειξε να τα χάνει. Τα άλλα θαλάσσια λιοντάρια την κοίταξαν.

— Ξουτ! ούρλιαξε η Νιμ. Κατεβείτε από τα βράχια!

Γκρινιάζοντας και γρυλίζοντας τα θαλάσσια λιοντάρια γλίστρησαν στο νερό. Η Νιμ βούτηξε πίσω τους, αλλά η Σέλκι της έκλεισε το δρόμο προτού προλάβει να κάνει τρεις απλωτές.

— Θα γυρίσω πίσω, την παρακάλεσε η Νιμ, αν διώξεις το πλοίο.

Έτσι, όταν η Νιμ βγήκε ασφαλής στην παραλία, η Σέλκι οδήγησε τα άλλα θαλάσσια λιοντάρια προς τον ύφαλο.

Το πλοίο σταμάτησε και κατέβασε μια βαρκούλα στο νερό.

Η Νιμ έσκυψε για να μην μπορέσουν να τη δουν με τα κιάλια τους και πήδηξε μέσα στις λιμνούλες της παλίρροιας και γέμισε την αγκαλιά της με τα αγαπημένα φύκια των ιγκουάνα.

Το μικρό πλοίο ξεκίνησε και πάλι, η μηχανή του μούγκρισε και τα θαλάσσια λιοντάρια ανταπέδωσαν το μούγκρισμα.

Αν το πλοίο κατάφερνε να βρει το δρόμο του ανάμεσα στο λαβύρινθο του υφάλου, τότε το πρώτο πράγμα που θα έβλεπε ήταν η Αμμουδιά των Κοχυλιών.

Η Νιμ μπουσουλούσε ανάμεσα στα βράχια, τα βότσαλα και τα κοφτερά άσπρα κοχύλια. Το αίμα έτρεχε ποτάμι από το κόψιμο στο πόδι της. Μόλις έφτασε στην Αμμουδιά των Κοχυλιών, πέταξε τα φύκια που κρατούσε από τη μια άκρη της παραλίας ως στην άλλη. Ο Φρεντ την ακολουθούσε μασουλώντας όσο περισσότερα φύκια μπορούσε.

— Θα σου δώσω καρύδες, του υποσχέθηκε, αν φέρεις όλους σου τους φίλους εδώ στην παραλία.

Ο Φρεντ την κοίταξε.

— Όσες καρύδες θέλεις, συνέχισε η Νιμ.

Ο Φρεντ φταρνίστηκε ξαφνιασμένος και το έβαλε στα πόδια. Πηδούσε από βράχο σε βράχο, από λιμνούλα στη θάλασσα, ώσπου η παραλία γέμισε με αγκαθωτά ιγκουάνα που μασουλούσαν τα φύκια. Η παραλία, αν την κοιτούσες από τον ύφαλο, έδειχνε να είναι γεμάτη γκρίζα βράχια.

Οι τουρίστες μπορεί και να έφευγαν προτού δουν την Αμμουδιά της Θαλάσσιας Χελώνας.

Η Νιμ έτρεξε κρυφά στο Φοίνικα-Παρατηρητήριο. Ανέβηκε γρήγορα στην κορυφή και στάθηκε ακίνητη.

Το πλοίο είχε φτάσει στην πρώτη ρωγμή του υφάλου. Ήταν αρκετά κοντά τώρα κι η Νιμ έβλεπε τους ανθρώπους μέσα. Φορούσαν ροζ μπλουζάκια και μοβ καπελάκια με ένα φουσκωτό ψάρι στην κορυφή.

Ξαφνικά η ρωγμή εξαφανίστηκε με ένα στρόβιλο, μια άγρια καταιγίδα από θαλάσσια λιοντάρια. Το πλοίο με τη μηχανή στο ρελαντί έψαξε να βρει άλλη ρωγμή για να περάσει, αλλά τα θαλάσσια λιοντάρια το ακολούθησαν. Ο αρχηγός του κοπαδιού έβγαλε ένα μουγκρητό και τα υπόλοιπα ζώα μούγκρισαν όλα μαζί, ύστερα βούτηξαν πάλι όλα μαζί πιτσιλώντας τα πάντα, το πλοίο ταρακουνήθηκε δυνατά και στη συνέχεια αργά, σταθερά κι αγριεμένα σπρώχτηκε προς την ανοιχτή θάλασσα.

Η Νιμ παρατήρησε από το δέντρο της και κάτι άλλο. Ο Γαλιλαίος έκανε κύκλους γύρω από το πλοίο.

Δεν είχε δει ποτέ του ψεύτικα ψάρια. Ο Γαλιλαίος πίστευε πως αν κάτι έμοιαζε με ψάρι *ήταν* ψάρι, κι αν αυτό το ψάρι το είχε κάποιος άλλος, έπρεπε να του το κλέψει.

Κάλεσε το φίλο του και βούτηξαν μαζί, αρπάζοντας δύο καπέλα με ψάρια από τα κεφάλια των επιβατών του πλοίου.

Οι άνθρωποι άρχισαν να τσιρίζουν και να βλαστημούν, κουνώντας τα χέρια πάνω από τα κεφάλια τους, αλλά τα γιγαντιαία πουλιά νοιάζονταν μονάχα για τα καπέλα τους. Έφτυσαν τα δύο πρώτα στη θάλασσα κι άρπαξαν άλλα δύο για να δουν αν είχαν καλύτερη γεύση.

Τώρα το πλοίο τρανταζόταν κι έγερνε, λες και είχε χτυπήσει σε βράχο.

— Σας παρακαλώ, μη χτυπήσετε, ζήτησε η Νιμ από τα θαλάσσια λιοντάρια.

Το πλοίο σταθεροποιήθηκε. Η μηχανή του μούγκρισε κι ανέπτυξε ταχύτητα.

Πλησίαζε η άμπωτη. Ώσπου να σηκώσουν τη μικρή βάρκα πάνω στο πλοίο, ο ύφαλος προεξείχε έξω από το νερό.

Έτσι οι Τουρίστες Τροπικών Νησιών άφησαν τον ύφαλο, αλλά δεν έφυγαν από το νησί. Έπλεαν σιγά και όσο πιο κοντά τολμούσαν. Πέρασαν την Αμμουδιά της Θαλάσσιας Χελώνας, έστριψαν στην άκρη των Βράχων του Ταχυπέτη.

Η Νιμ έτρεξε στην παραλία και προσπάθησε να μη βάλει τα κλάματα.

Η Κίκα κινήθηκε βαριά έξω από το νερό. Στο πρόσωπό της ήταν χαραγμένο ένα αυτάρεσκο χαμόγελο και στο καβούκι της υπήρχε μοβ μπογιά. Η Νιμ θυμήθηκε το τράνταγμα.

— Τους χτύπησες; τη ρώτησε γαργαλώντας το σαγόνι της.

Η Κίκα την κοίταξε με το γνωστό αυτάρεσκο ύφος της.

«Όλοι έκαναν κάτι εκτός από μένα», σκέφτηκε η Νιμ. «Δεν είναι σωστό!»

Η Αμμουδιά της Θαλάσσιας Χελώνας βρομούσε. Βρομούσε χειρότερα κι από μια άσχημη μέρα στις Σφυριχτές Πέτρες.

— Μπλιαχ! έκανε η Νιμ.

Η άμπωτη είχε ξεβράσει έναν ψόφιο καρχαρία.

— Κανένας δε θα αποβιβαζόταν στο νησί με αυτή την απαίσια μυρωδιά! συμπέρανε η Νιμ κι αναρωτήθηκε αν ο Άλεξ Ρόβερ θα χρησιμοποιούσε έναν ψόφιο καρχαρία για να σώσει το νησί του.

Έτρεξε στην καλύβα κι έφερε το καρότσι της. Έχωσε μέσα το γλιστερό και σαπισμένο καρχαρία. Δυσκολεύτηκε πολύ να ρυμουλκήσει το καρότσι μέχρι τις Σφυριχτές Πέτρες, αλλά θα το ανέβαζε κι ως την κορυφή του Βουνού της Φωτιάς αν χρειαζόταν.

Ο αέρας παρέσυρε τον ατμό προς τη θάλασσα. Σήμερα δε μύριζε ιδιαίτερα, αλλά...

— Αυτό διορθώνεται! είπε η Νιμ.

Έβγαλε τον καρχαρία έξω από το καρότσι και τον ακούμπησε στη μεγαλύτερη τρύπα, όπου ο ατμός σφύριζε ανάμεσα στις πέτρες. Ο ατμός σταμάτησε να βγαίνει κι ο καρχαρίας δε μύριζε χειρότερα από πριν.

— Τι άλλο βρομάει; αναρωτήθηκε η Νιμ.

Μερικές φορές στα Μαύρα Βράχια ξεβράζονταν πολλά φύκια. Αν δε στέγνωναν κι αν δεν παρασύρονταν από τη θάλασσα, άρχιζαν να μυρίζουν άσχημα. Η Νιμ σκαρφάλωσε με τα τέσσερα και μάζεψε σε ένα μπλουζάκι σαπισμένα φύκια. Ύστερα κοίταξε πίσω από ένα βράχο. Το πλοίο έπλεε στο σημείο όπου τα Μαύρα Βράχια συναντούσαν τον ύφαλο.

Έσφιξε πάνω της τα φύκια κι άρχισε να ρίχνει βότσαλα στις Σφυριχτές Πέτρες. Ο καρχαρίας μύριζε τόσο άσχημα τώρα που της ήρθε να κάνει εμετό. Πέταξε και τα φύκια στις τρύπες που έβγαζαν ατμούς κι έτρεξε να κρυφτεί, μακριά από τη βρόμα.

Το πλοίο ερχόταν προς το μέρος της. Για ένα ολόκληρο λεπτό δεν έγινε τίποτα. Η Νιμ είχε πετάξει τόσο πολύ βρομιά, που ο ατμός δεν μπορούσε να δραπετεύσει.

Ήταν πολύ αργά για να κάνει οτιδήποτε.

Το πλοίο βρισκόταν τώρα στη Θέση του Θαλάσσιου Λιονταριού, απέναντι ακριβώς από τις Σφυριχτές Πέτρες.

Ο καρχαρίας εξερράγη. Τα σαπισμένα φύκια πετάχτηκαν σαν σιντριβάνι.

Ο ατμός ράντιζε ψηλά τον αέρα με κομματάκια από τη σαπισμένη σάρκα καρχαρία και φύκια κι ούτε κι η Νιμ ήξερε τι άλλο, σε μορφή ορμητικού θερμοπίδακα. Το απαλό αεράκι μετατράπηκε σε μια γκρίζα ομίχλη που σε έπνιγε με τη βρόμα της.

Το πλοίο έβαλε πλώρη μακριά από το νησί.

Εκείνο το απόγευμα η Νιμ ένιωθε τόσο κουρασμένη, που δεν μπορούσε να φάει. Ένιωθε παγωνιά κι ένα κενό μέσα της, αλλά τόση ζέστη και φαγούρα στο σώμα της που πήρε το φακό της και μια πετσέτα και προχώρησε ως τη λιμνούλα.

Της άρεσε ο ωκεανός γιατί ήταν πάντα εκεί, όπου κι αν κοίταζε, όσο μακριά μπορούσε να φτάσει το μάτι της. Αλλά ήταν τεράστιος και πολύ δυνατός για να τον καταλάβει, πολύ επικίνδυνος για να τον εμπιστευτεί. Τη λιμνούλα ήταν πολύ εύκολο να την αγαπήσεις. Ήταν μικρούλα κι ήξερε κάθε βράχο της. Ήταν τόσο γαλήνια που μπορούσε να επιπλέει ήρεμα, καθώς ο ουρανός σκοτείνιαζε ολοένα και περισσότερο και βγήκαν το φεγγάρι και τα αστέρια για να τη χαιρετήσουν, ενώ η βρομιά κι όλα της τα μπερδέματα ταξίδευαν μακριά της.

9

Η ΝΙΜ ΣΚΕΦΤΗΚΕ πως σήμερα μπορεί και να ήταν η μέρα που ο Τζακ θα γυρνούσε σπίτι.

Πήδηξε από το κρεβάτι της.

«Δεν κατάλαβες καλά!» της τσίριξε το γόνατό της και αναγκάστηκε να καθίσει γρήγορα και πάλι στο στρώμα της.

Το γόνατό της ήταν πρησμένο, έκαιγε κι ξερνούσε αίμα και πύον.

— Άουτς! φώναξε αλλά τελικά σηκώθηκε.

Κατέβηκε κουτσαίνοντας στους βράχους για να φάει καρύδες για πρωινό. Ο Φρεντ δεν ξεχνούσε την υπόσχεσή της.

— Θα σκάσεις! του φώναξε η Νιμ, μετά το πέμπτο κομμάτι καρύδας που τον είδε να καταβροχθίζει.

Ο Φρεντ όμως δε σταμάτησε να τρώει.

Κάτω ακριβώς από το βράχο της Σέλκι η θάλασσα είχε ξεβράσει δυο γελοία κασκέτα με το ψάρι στην κορυφή.

— Ο πιο εύκολος τρόπος για να φωνάξω το Γαλιλαίο! είπε η Νιμ και τα μάζεψε.

Πίσω από τα κασκέτα βρισκόταν ένα μεγάλο κομμάτι ξύλου κι από κάτω του μερικά σκισμένα δίχτυα. Η Νιμ κι ο Τζακ σιχαίνονταν τα δίχτυα, αλλά...

— Η σχεδία! φώναξε η Νιμ.

Τα δίχτυα ήταν πολύ σκισμένα για να φτιάξει ένα μεγάλο σάκο, αλλά θα τα έκοβε στα δύο για να κατασκευάσει δύο μικρότερες σχεδίες.

Ο σπάγγος των διχτυών ήταν σκληρός και γλιστερός. Η Νιμ άρχισε να κόβει τα δίχτυα σε τετράγωνα. Γρήγορα αναγκάστηκε να πάει να φέρει τον τροχό της για να ακονίσει το σουγιά της όπως ακριβώς της είχε μάθει ο Τζακ. Τον ακόνισε κατά μήκος, πρώτα από τη μια και μετά από την άλλη, με ταχύτητα, ώσπου άρχισαν να βγαίνουν σπίθες και λειάνθηκε η λεπίδα του.

Όταν τελείωσε με το κόψιμο των διχτυών,

ο ήλιος την ενημέρωσε πως είχε περάσει ήδη η ώρα του μεσημεριανού φαγητού. Το πόδι της την πονούσε πολύ για να πάει στο λαχανόκηπο κι έτσι έφαγε τις τελευταίες μπανάνες, μερικές πεταλίδες και φύκια από την Αμμουδιά των Κοχυλιών. Δεν είχε και νερό κι έτσι ξεδίψασε με χυμό καρύδας.

Ύστερα κάθισε στη σκιά ενός φοίνικα κι άρχισε να δένει τις άκρες των τετραγώνων κόμπο κόμπο σε όλες τις πλευρές τους. Ύστερα τα τίναξε, ενώ ο Φρεντ κρυφοκοίταζε ανάμεσά τους, κι η Σέλκι τα άρπαξε με τα δόντια της και τα τραβούσε.

Δεν είναι εύκολο να δουλεύεις με κάτι και να σ' το τραβάει ένα θαλάσσιο λιοντάρι. Χρειάστηκε χρόνο για να τελειώσει τους δύο σάκους και μετά προχώρησε κουτσαίνοντας και πονώντας ως το Λιμανάκι της Κλειδαρότρυπας.

Η Σέλκι κι ο Φρεντ την ακολούθησαν για να ψαρέψουν τις καρύδες και θα την είχαν βοηθήσει περισσότερο, αν δεν αποφάσιζαν να παίξουν καρυδοποδόσφαιρο.

— Σταματήστε τις ΑΝΟΗΣΙΕΣ! τσίριξε η Νιμ.

Ο Φρεντ βούτηξε στο νερό και κρύφτηκε πίσω από ένα τεράστιο μύδι, ενώ η Σέλκι καμπούριασε στον ύφαλο και της γύρισε την πλάτη.

Η Νιμ αισθάνθηκε πιο μικρή κι από τις πεταλίδες που είχε φάει και μπουσούλησε κοντά της.

— Συγγνώμη, της ψιθύρισε.

Η Σέλκι δεν μπορούσε να μείνει θυμωμένη για πολύ, αλλά ο Φρεντ μπορούσε. Η Νιμ αναγκάστηκε να βουτήξει τρεις φορές για να τον ξαναφέρει πίσω με γλυκόλογα.

Όταν μάζεψε όλες τις καρύδες στα βράχια, έχωσε δέκα σε κάθε σάκο κι έδεσε κόμπο τις άκρες τους για να μην ξεγλιστρήσουν. Ώσπου να ρίξει και το δεύτερο σάκο στη λιμνούλα και να σκαρφαλώσει πάνω του, ο ήλιος είχε κατεβεί στη θάλασσα.

Τις πρώτες τρεις φορές που προσπάθησε, η σχεδία-σάκος κατέληγε πάνω της, αντί για το ανάποδο. Την τέταρτη φορά όμως νίκησε η Νιμ.

Ξάπλωσε μπρούμυτα πάνω της κι ο Φρεντ ανέβηκε στην πλάτη της. Άρχισε να πλατσουρίζει γύρω γύρω στη λιμνούλα. Σήμερα προτιμούσε να επιπλέει κι η λιμνούλα ήταν ό,τι έπρεπε.

Αλλά όχι και με ένα θαλάσσιο λιοντάρι στην πλάτη της. Η Νιμ χτύπησε πάνω στη δεύτερη σχεδία και βυθίστηκε στον πάτο.

— Προσπαθήστε μόνοι σας! είπε μετά, καθώς συγκρατήθηκε να μη βάλει τα γέλια.

Κράτησε τις σχεδίες τη μια κοντά στην άλλη κι η Σέλκι σύρθηκε πάνω τους. Άρχισε να επιπλέει στη λιμνούλα, ρουθουνίζοντας και κουτουλώντας από τον ύφαλο στα βράχια. Της άρεσε πολύ και ξέχασε να πειράξει το Φρεντ. Θα έπαιζε όλη νύχτα αυτό το παιχνίδι, αλλά:

— Κοντεύει να βασιλέψει ο ήλιος! είπε η Νιμ. Ώρα για μηνύματα.

Από: jack.rusoe@explorer.net
Προς: aka@incognito.net
Αποστολή: Τετάρτη 7 Απριλίου, 18:25

Αγαπητέ Άλεξ Ρόβερ,

Σήμερα το πρωί βρήκα ένα παλιό δίχτυ κι έφτιαξα δύο σχεδίες, γιατί ήταν πιο εύκολο από μία μεγάλη. Είναι πολύ διασκεδαστικό να σκαρφαλώνεις πάνω τους. Στη Σέλκι άρεσε πολύ αυτό το παιχνίδι, κι άρχισε να φωνάζει, ώσπου έκλεισε ο λαιμός της!

Μπορώ να καθίσω πάνω τους στο Λιμανάκι της

Κλειδαρότρυπας, αλλά είναι πιο εύκολο να ξαπλώσω. Ιδιαίτερα αν ο ήρωάς σου βρίσκεται στην ανοιχτή θάλασσα με τα μεγάλα κύματα.

Ανέβηκα πάνω σε μία σχεδία παρέα με το Φρεντ κι επιπλεύσαμε τόσο όμορφα. Δε θα γινόμασταν μούσκεμα αν δεν πέφταμε στο νερό προσπαθώντας να ανεβούμε. Ο Φρεντ δεν είναι πολύ βαρύς.

Η Σέλκι χρειάζεται και τις δύο σχεδίες, αλλιώς θα βυθιστεί. Είναι πιο βαριά από το Φρεντ. Αν λοιπόν ο ήρωάς σου ζυγίζει αρκετά, θα πρέπει να τον βάλεις να επιπλέει σε ένα σάκο με είκοσι καρύδες. Αν το ήξερα αυτό, θα έφτιαχνα μόνο μια μεγάλη σχεδία, γιατί η Σέλκι γλιστρούσε στο άνοιγμα των δύο σχεδιών και χρειαζόταν να κρατάω και τις δύο μαζί για να μπορέσει να ανεβεί. Αλλά φαντάζομαι πως ο ήρωάς σου δε χοροπηδάει τόσο όσο η Σέλκι.

Χαιρετισμούς,
Νιμ

Από: aka@incognito.net
Προς: jack.rusoe@explorer.net
Αποστολή: Τετάρτη 7 Απριλίου, 13:29

Αγαπητή Νιμ,

Ούτε ο Ροβινσώνας Κρούσος δε θα τα κατάφερνε καλύτερα από σένα! Σταμάτησα να ανησυχώ για το πώς ο ήρωάς μου θα κολυμπούσε ως το νησί, αν ήταν δεμένος μέσα σε ένα σάκο. Θα έκανε ό,τι ακριβώς έκανες κι εσύ. Θα έβρισκε ένα κομμάτι δίχτυ αρκετό για να φτιάξει ένα μεγάλο σάκο από μόνος του και για να μη γλιστράει στη μέση όπως η Σέλκι!

Διάβασε τη σκηνή: φτάνει λαχανιασμένος στην παραλία και ξαφνικά καταλαβαίνει πως βρίσκεται πάνω σε ένα δίχτυ. Καθώς σηκώνεται αργά αργά όρθιος, παραλίγο να του πέσει στο κεφάλι μια καρύδα. «Ουφ! Παρατρίχα», σκέφτεται. Και μετά: «Α χα!» και φτιάχνει τη σχεδία του και κωπηλατεί γενναία στη θάλασσα για να αντιμετωπίσει τους κακούς...

Αλήθεια, πώς έληξε χθες το παιχνίδι σου;

Φιλικά,
Άλεξ

Η Άλεξ περίμενε, αλλά η Νιμ δεν της έστειλε άλλο μήνυμα. Είχε βγει από το Διαδίκτυο, είχε κλείσει το λάπτοπ και είχε κοιμηθεί ήδη.

Τι ράτσα είναι αυτό το σκυλί που ζυγίζει όσο κι ένας άντρας; αναρωτήθηκε η Άλεξ. Η Σέλκι θα πρέπει να ήταν τεράστια! Αλλά κι ο Φρεντ, σκύλος θα ήταν. Δεν μπορούσε να φανταστεί να ανεβαίνει σε σχεδία μία γάτα.

Κοίταξε έξω από το παράθυρο. Έβλεπε πολύ μακριά από τον τεσσαρακοστό πρώτο όροφο, αλλά όσο σκληρά κι αν προσπάθησε δεν μπόρεσε να δει το Λιμανάκι της Κλειδαρότρυπας ή τον ήρωα πάνω σε μια σχεδία φτιαγμένη από καρύδες.

Και για μια στιγμούλα η Άλεξ ευχήθηκε να ήταν εκείνο το πρόσωπο που θα *έκανε* πράγματα, αντί να τα γράφει... που θα ταξίδευε σε όλες τις θάλασσες, που θα ζούσε ευτυχισμένη σε ένα τροπικό νησί.

Αλλά η Άλεξ Ρόβερ ήταν ονειροπόλα. Τα όνειρά της τα έκανε βιβλία κι όχι πράξεις. Ήταν κολλημένη σε ένα μέρος, όπως το τρένο στις ράγες του. Ήταν κι εκείνη κομμάτι της πόλης, όπως τα σκαλιά του ταχυδρομείου.

Το πρωί το πόδι της Νιμ είχε πρηστεί κι άλλο και ζεματούσε. Γύρω από το πύον είχαν σχηματιστεί κόκκινες γραμμές.

Δεν ήθελε να περπατήσει, δεν ήθελε να κάνει τίποτα. Αλλά δεν είχε νερό για να πιει, δεν είχε τίποτα για να φάει. Έτσι ο Φρεντ σκαρφάλωσε στον ώμο της και ρυμούλκησε αργά το καροτσάκι της ως το λαχανόκηπο. Γέμισε τα μπουκάλια της με νερό από τον καταρράκτη, έκοψε ένα κλαδί μπανάνες, μάζεψε μερικές φράουλες και κατηφόρισε το λόφο.

Η Σέλκι ρουθούνιζε ανήσυχη.

— Θα νιώσω καλύτερα αν κολυμπήσω, την καθησύχασε η Νιμ.

Έτσι κολύμπησε γύρω από την Αμμουδιά της Θαλάσσιας Χελώνας. Η Κίκα έτρωγε φύκια, αλλά σταμάτησε για να παίξει ένα πολύ τεμπέλικο καρυδοποδόσφαιρο, παρόλο που έμοιαζε περισσότερο με πιάσιμο της καρύδας, γιατί όλοι έδειχναν απρόθυμοι να παλέψουν για την ψίχα της.

Η πλημμυρίδα έδινε τη θέση της στην άμπωτη κι όταν τελείωσαν το παιχνίδι, η Νιμ ξάπλωσε μπρούμυτα κι άρχισε να βγάζει μύδια με ένα παλιό κοχύλι, ενώ η Σέλκι κι ο Φρεντ ξάπλωσαν στην υγρή άμμο και η Κίκα τους παρακολουθούσε κουνώντας το κεφάλι της.

Όταν η Νιμ έβγαλε αρκετά μύδια, άναψε μια φωτιά, τα έψησε και για επιδόρπιο μοιράστηκε την ψίχα της καρύδας.

Ο Φρεντ έχωσε τη μύτη του κάτω από το χέρι της και παραλίγο να του έρθει στο κεφάλι η πέτρα με την οποία η Νιμ έσπαγε την καρύδα.

— Φύγε από τη μέση, λαίμαργε δράκε! τον πείραξε η Νιμ και του έκοψε ένα κομμάτι.

Ξαφνικά, σαν να δοκίμαζε την πιο τέλεια έκπληξη, έλαμψε μπροστά στα μάτια της ένα στρογγυλό μπεζ μαργαριτάρι.

Το κοίταξε. Δεν τολμούσε να το αγγίξει. Δεν τολμούσε να το μετακινήσει. Ο Τζακ της είχε πει πως σπάνια, πολύ σπάνια, μια καρύδα μπορούσε να δημιουργήσει ένα μαργαριτάρι, όπως κάνουν και τα στρείδια, αλλά η Νιμ δεν είχε δει ποτέ της κάτι αντίστοιχο.

Ο Φρεντ τελείωσε το κομμάτι του, άρπαξε κι άλλο και το μαργαριτάρι εξαφανίστηκε.

Η Νιμ ένιωσε πως εξαφανίστηκε κάθε καλό στη ζωή της, κι ας ήξερε πως δεν ήταν αλήθεια, κι ας ήξερε πως σκεφτόταν χαζομάρες, αλλά άρχισε να κλαίει ώσπου μούσκεψε το μπλουζάκι της και την έπιασε λόξιγκας και τα δάκρυα δεν έλεγαν να σταματήσουν.

Ο Φρεντ την κοιτούσε κατάπληκτος με το στόμα γεμάτο καρύδα και μαργαριτάρι.

Η Σέλκι τον χτύπησε δυνατά με την άκρη του πτερυγίου της και τα κομματάκια της καρύδας και το μαργαριτάρι πετάχτηκαν από το στόμα του.

Η Νιμ συνέχισε να έχει λόξιγκα, άρπαξε το μαργαριτάρι και γύρισε στην καλύβα.

Καθαρισμένο φάνταζε πιο όμορφο, πιο φανταχτερό κι από τους εσωτερικούς, λαμπερούς στροβίλους ενός κοχυλιού, γιατί ήταν ολόκληρο και τέλειο.

— Το τυχερό μαργαριτάρι, ψιθύρισε η Νιμ, γιατί κάτι τόσο σπάνιο έπρεπε να είναι και τυχερό.

Κι αν κάτι είναι πανέμορφο και σπάνιο, τότε θα πρέπει να είναι το πιο τυχερό του κόσμου.

Το ακούμπησε πάνω σε ένα κομμάτι καλογυαλισμένου ξύλου μπροστά από τη φωτογραφία της μαμάς της και μια που κόντευε να δύσει ο ήλιος, άνοιξε το λάπτοπ.

Το φως ρόδιζε, το κομπιούτερ βούιζε, αλλά μόλις έκανε κλικ στο κουτί με τα μηνύματα, η οθόνη μαύρισε. Είχε ξεχάσει να φορτίσει τις μπαταρίες.

Τώρα πια το μαργαριτάρι δεν της φαινόταν και τόσο τυχερό, αφού δεν μπορούσε να μιλήσει γι’ αυτό στον Άλεξ Ρόβερ.

10

ΤΟ ΕΠΟΜΕΝΟ ΠΡΩΙΝΟ οι κόκκινες γραμμές και το κίτρινο πύον είχαν χειροτερέψει στο πόδι της Νιμ. Το κορμί της ήταν ζεστό, το κεφάλι της παχύ σαν σύννεφο που ετοιμάζεται να ταξιδέψει.

Ο ηλιακός συλλέκτης ήταν μια χαρά, οι μπαταρίες του λάπτοπ φορτίζονταν... οι χάρτες και οι άλλες βαρετές δουλειές δεν είχαν καμιά σημασία. Δεν είχε όρεξη να φάει πρωινό, αλλά η Σέλκι έκανε φασαρία, ώσπου ήπιε ένα ποτήρι νερό και κατάπιε μια μπανάνα.

Ο Γαλιλαίος έκανε μια θεαματική βουτιά προς τα κάτω, κυνηγώντας μια σούλα* που

---

* Θαλάσσιο πτηνό, που ζει στις βόρειες θάλασσες.

κρατούσε ένα ψάρι στο ράμφος της. Στο πόδι του ήταν δεμένο κι άλλο γράμμα.

— Σας ευχαριστώ, Τουρίστες Τροπικών Νησιών! είπε η Νιμ κι έπιασε το γράμμα, καθώς ο Γαλιλαίος άρπαζε το κασκέτο με το ψάρι που κρατούσε στα χέρια της.

Αγαπημένη μου Νιμ,

Καταπληκτικά νέα! Ο παντογνώστης μπαμπάς σου έφτιαξε το πηδάλιό του! Σου 'ρχομαι!

Και το πλαγκτόν γιορτάζει. Χθες το βράδυ έστησε ολόκληρο πάρτι. ΚΑΙ ανακάλυψα ένα καινούριο είδος μαστιγοφόρου πρωτοζωικού πλαγκτού! (Δε σου μοιάζει ακριβώς, αλλά πήρε το όνομά σου: Νιμ η Πρωτοζωική.)

Ταξιδεύω αντίθετα στον άνεμο, αλλά αν δε χειροτερέψει ο καιρός, αύριο το βράδυ ή μεθαύριο θα βρίσκομαι σπίτι.

Σ' αγαπώ (όσο το μεγάλο πλαγκτόν αγαπάει το μικρό)!

Τζακ

Η Νιμ ήξερε πως έπρεπε να νιώθει χαρούμενη, πως έπρεπε να στείλει κι εκείνη ένα γράμμα, αλλά το γόνατό της πονούσε τόσο πολύ για να τη νοιάξει κάτι τέτοιο και χρειαζόταν βοήθεια πιο γρήγορα απ' ό,τι μπορούσε να της στείλει ο Γαλιλαίος.

Από: jack.rusoe@explorer.net
Προς: aka@incognito.net
Αποστολή: Παρασκευή 9 Απριλίου, 10:48

Αγαπητέ Άλεξ Ρόβερ,

Συγγνώμη που δε σου έγραψα χθες, γιατί ξέχασα να κάνω τις επιστημονικές μου παρατηρήσεις κι έτσι δεν είχα αρκετή μπαταρία για να ανοίξω τα μηνύματά μου.

Μου λες, σε παρακαλώ, τι θα έκανε ο ήρωάς σου αν σκαρφάλωνε στο Βουνό της Φωτιάς και χτυπούσε το γόνατό του; Κι αν είχε πυρετό και το γόνατό του τον πονούσε πάρα πολύ κι είχε πρηστεί;

Κι όταν η γυναίκα που αγαπάει είναι με τους κακούς, ο ήρωάς σου νιώθει δυστυχισμένος, μόνος κι έρημος στο νησί του; Κι αν έβρισκε ένα μαργαριτάρι καρύδας, δε θα του φαινόταν όμορφο, γιατί δε θα είχε κανέναν να μοιραστεί την ομορφιά του. Η Σέλκι κι ο Φρεντ δεν ενδιαφέρονται γι' αυτά (ο Φρεντ βέβαια πολύ θα ήθελε να το φάει, αλλά αυτό δε μετράει).

Νιμ

Η Άλεξ είχε ξυπνήσει προτού ξημερώσει. Η ιστορία χόρευε στο μυαλό της σαν εικόνες κινηματογραφικής ταινίας. Έβλεπε φοίνικες να ταλαντεύονται στον άνεμο, ζεστές, χρυσαφένιες αμμουδιές, έναν καταρράκτη που λαμπύριζε, ένα ηφαίστειο που βρυχιόταν, πεντακάθαρη γαλάζια θάλασσα και έναν ουρανό χωρίς σύννεφα...

Όταν ανέτειλε ο ήλιος, κοίταξε έξω στο φως της αυγής τις γκρίζες στέγες και τις γραμμές του τρένου. Ύστερα έβαλε να ακούσει ένα cd, *Κελαηδήματα Θαλάσσιων Πτηνών και Ντουέτο Δελφινιών – «σαν να βρίσκεστε δίπλα στο κύμα»*, όπως εξηγούσε το οπισθόφυλλο.

– Ε, όχι ακριβώς, μουρμούρισε η Άλεξ κι άνοιξε το κομπιούτερ της.

Διάβασε το μήνυμα της Νιμ και χλώμιασε.

– Απίστευτο! Δεν μπορεί να ζει μόνο του ένα παιδί στο νησί! είπε και ξαναδιάβασε το μήνυμα.

Ύστερα τύπωσε όλα τα μηνύματα της Νιμ που είχε λάβει και τα διάβασε από την αρχή. Κοίταξε το χάρτη της και σημείωσε κάτι. Διάβασε προσεκτικά το μήνυμα της Νιμ που της μιλούσε για τότε που ανέβηκε στο Βουνό της

Φωτιάς, τότε που της έκανε την περιγραφή του νησιού, και κατάλαβε πως δεν είχε αναφέρει ποτέ την ύπαρξη κάποιου ενηλίκου.

— Αυτό είναι το μόνο αληθινό που συμβαίνει στη ζωή μου, κατέληξε.

Από: aka@incognito.net
Προς: jack.rusoe@explorer.net
Αποστολή: Παρασκευή 9 Απριλίου, 5:55

Αγαπητή Νιμ,

Αν το γόνατο του ήρωά μου ήταν πρησμένο και τον πονούσε, θα το βουτούσε στη θάλασσα και μετά θα το καθάριζε με φρέσκο χυμό καρύδας και θα το έδενε με έναν επίδεσμο. Ύστερα θα ΞΕΚΟΥΡΑΖΟΤΑΝ στη σκιά και θα έπινε ΠΟΛΥ νερό.

Κι αν ένιωθε μόνος και δυστυχισμένος, θα το έλεγε σε κάποιον· μπορεί και να του έστελνε μήνυμα.

Αυτά πρέπει να κάνουν και οι ηρωίδες στα αληθινά νησιά.

Είσαι μόνη σου; Πού είναι οι γονείς σου;

Χρειάζεσαι βοήθεια;

Φιλιά,
Άλεξ

Η Νιμ διάβασε στα βιαστικά το μήνυμα κι έκλεισε το κομπιούτερ. Το γόνατό της πονούσε ακόμα, αλλά τώρα μπορούσε να το αντέξει, γιατί ήξερε τι έπρεπε να κάνει. Πήρε το μπουκάλι με το νερό της και πήγε στην παραλία. Κάθισε στη σκιά ενός βράχου και βούτηξε το πόδι της στη θάλασσα. Η Σέλκι κάθισε δεξιά της κι ανησυχούσε, ενώ ο Φρεντ καθόταν αριστερά της και κοιμόταν. Η Νιμ έπινε σιγά σιγά νερό και στο ενδιάμεσο ονειρευόταν.

Όταν ξύπνησε, ένιωθε μουδιασμένη, πονούσε ολόκληρη.

— Έμεινα εδώ όλη μέρα! φώναξε.

Δεν ήξερε αν ο ήρωας του Άλεξ Ρόβερ θα έμενε κι εκείνος σε αυτή τη θέση όλη τη μέρα, αλλά το κεφάλι της μάλλον είχε ελαφρύνει λιγάκι και ένιωθε το πόδι της να της ανήκει και πάλι.

Ύστερα βρήκε ένα καθαρό χαρτομάντιλο στην καλύβα, άνοιξε μια τρύπα σε μια καρύδα, σφούγγισε το κίτρινο πύον και τη γλίτσα από το γόνατό της. Την πονούσε ακόμα, αλλά δε ζεματούσε και το πρήξιμο είχε υποχωρήσει. Άνοιξε πάλι το λάπτοπ και διάβασε ξανά το μήνυμα του Άλεξ.

— Ουάου! έκανε, γιατί ένιωσε και πάλι χαρούμενη και γιατί αν ο Άλεξ επιθυμούσε να τρέξει να τη σώσει, τότε έπρεπε να είναι αυτός ο αληθινός ήρωας, όπως τόνιζε και το άρθρο στην εφημερίδα.

Ακόμα κι αν η ίδια δεν ήθελε να σωθεί.

Από: jack.rusoe@explorer.net
Προς: aka@incognito.net
Αποστολή: Παρασκευή 9 Απριλίου, 18:26

Αγαπητέ Άλεξ Ρόβερ,

Όταν ήμουν μωρό, η μαμά μου πήγε να εξετάσει το εσωτερικό του στομαχιού μιας γαλάζιας φάλαινας. Αλλά κάποιοι κακοί τρόμαξαν τη φάλαινα και από τότε δεν την ξαναείδε κανείς.

Ο Τζακ, ο μπαμπάς μου, εξετάζει το πλαγκτόν. Έφυγε για τρεις μέρες, αλλά μια καταιγίδα χάλασε το πηδάλιό του και τη δορυφορική του κεραία. Κατάφερε όμως να μου στείλει ένα μήνυμα με το Γαλιλαίο, τον ταχυπέτη, και να μου πει πως θα γυρίσει γρήγορα κοντά μου.

Κι όταν λέω γρήγορα, εννοώ σήμερα ή αύριο.

Δεν είμαι μόνη μου γιατί έχω παρέα τη Σέλκι, το Φρεντ και την Κίκα.

Έτσι δε χρειάζομαι βοήθεια, γιατί έπλυνα, όπως μου είπες, το γόνατό μου και νιώθω πολύ καλύτερα. Χαίρομαι πολύ που εσύ είσαι στην πραγματικότητα ο ήρωας, κάτι φυσικά που ήξερα από την αρχή.

Νιμ

Όταν όμως έκλεισε το λάπτοπ, δεν ένιωθε πια γενναία και χαρούμενη. Έτσι, αντί να πάει να ξαπλώσει, πήγαν όλοι στην Αμμουδιά της Θαλάσσιας Χελώνας και κάθισαν εκεί, ώσπου η πανσέληνος ασήμωσε τα κύματα.

Η Κίκα θα έφευγε σύντομα για έναν ολόκληρο χρόνο περιπλάνησης στους ωκεανούς του κόσμου.

— Θα γυρίσεις την επόμενη άνοιξη, έτσι δεν είναι; τη ρώτησε η Νιμ.

Στενοχωριόταν πολύ που θα έφευγε η Κίκα, τώρα που ο Τζακ έλειπε κι ο Άλεξ δε χρειαζόταν να έρθει να τη σώσει.

Η Κίκα κούνησε νυσταγμένη το κεφάλι της.

— Μπορεί να είναι κι ο Άλεξ τότε εδώ και να σε γνωρίσει, χαμογέλασε η Νιμ.

11

ΣΚΕΤΟΣ ΕΦΙΑΛΤΗΣ, γκρίνιαξε η Άλεξ, πατώντας το ποντίκι της στα *Ταξιδιωτικά Γραφεία,* σε μια μηχανή αναζήτησης του Διαδικτύου. Βρίσκεται μόνη σε ένα νησί και κανένας δεν ξέρει τίποτα εκτός από *εμένα*. Εμένα που φοβάμαι τα αεροπλάνα και τους ωκεανούς από τότε που ο θείος μου με σήκωσε ψηλά στον αέρα κι ύστερα με πέταξε σε μια πισίνα! Μου αρέσει να είμαι στο διαμέρισμά μου, βόγκηξε, πατώντας με το ποντίκι της τις *Πτήσεις του Ειρηνικού,* παρέα με τα βιβλία μου, το κομπιούτερ μου και τους φανταστικούς μου φίλους. Τους ανθρώπους που ζουν μέσα στο κεφάλι μου και φεύγουν μόλις τελειώσει η ιστορία τους. Τα μέρη που βρίσκονται πάνω στο χάρτη. Τα ζώα που δεν αφήνουν τρίχες στο χαλί μου. Ένα πράγμα μού μένει να κάνω. Και έκανε κλικ πίσω στα μηνύματά της.

Από: aka@incognito.net
Προς: jack.rusoe@explorer.net
Αποστολή: Παρασκευή 9 Απριλίου, 13:52

Αγαπητή Νιμ,

Όλοι οι ήρωές μου είναι ψεύτικοι. Οι πραγματικοί άνθρωποι δεν είναι συνήθως τόσο γενναίοι ή τόσο δυνατοί, έξυπνοι και τυχεροί όπως οι ήρωες στα μυθιστορήματά μου. Ίσως γι' αυτό διασκεδάζω τόσο όταν τους δημιουργώ εγώ ή διαβάζω γι' αυτούς.

Δεν είμαι ψηλός, ούτε μελαχρινός, ούτε αρρενωπός. Δεν είμαι γενναίος και φυσικά δεν είμαι άντρας.

Αλλά ακόμα κι αν δεν είμαι ήρωας και δε χρειάζεται να σε σώσει κανείς, θα ήθελα πολύ να έρθω να δω εσένα και το νησί σου, και φυσικά το Φρεντ, τη Σέλκι και την Κίκα. (Σε ποια ράτσα σκύλου ανήκει η Σέλκι, αφού μου λες πως ζυγίζει πιο πολύ από τον μπαμπά σου; Κι ο Φρεντ είναι σκυλάκι κανίς;)

Φιλιά,
Άλεξ

ΥΓ. Το τηλέφωνό μου είναι: 155 897 346. Το δικό σου;

Περίμενε ολόκληρη την επόμενη μέρα ώσπου να ξανανοίξει η Νιμ τα μηνύματά της και να της απαντήσει.

Η Νιμ κοίταξε την οθόνη. Διάβασε το μήνυμα δυνατά, αλλά οι λέξεις παρέμεναν οι ίδιες.

Έκλεισε το κομπιούτερ και το έβγαλε από την πρίζα, αλλά οι λέξεις συνέχιζαν να χορεύουν μέσα στο κεφάλι της.

Ο Άλεξ Ρόβερ δεν ήταν ο ήρωας. Ο Άλεξ Ρόβερ ήταν γυναίκα και ούτε καν γενναία.

Το απόγευμα παρέμενε ακίνητο και ήρεμο, αλλά μέσα της η Νιμ είχε αγριέψει. Ένιωθε πιο καυτή κι από τη λάβα του Βουνού της Φωτιάς, πιο άγρια κι από δίνη καταιγίδας.

Ένιωθε θυμωμένη κι εξαπατημένη. Ένιωθε να την έχουν κοροϊδέψει. Ένιωθε ηλίθια, χαμένη, μόνη, θλιμμένη και μπερδεμένη. Όσα ένιωθε ήταν πιότερο δυνατά απ' ό,τι μπορούν να περιγράψουν οι λέξεις. Κάτι την έσπρωχνε δυνατά μέσα της, την κλοτσούσε, τη στριφογύριζε σαν σβούρα, τη στρίμωχνε και τελικά έσκασε σαν βόμβα.

Οι κραυγές της αντήχησαν στα νερά· τα πουλιά που χουχούλιαζαν, έτοιμα να κοιμηθούν, πέταξαν τρομαγμένα ψηλά στον ουρανό· ο αρχηγός τής απάντησε με ένα βρυχηθμό από τη Θέση του Θαλάσσιου Λιονταριού.

Η Σέλκι άρχισε να βγάζει κραυγές τρομαγμένη, σύρθηκε στην άμμο κι ο Φρεντ, κάτω από το βράχο του, κοίταξε ερευνητικά τριγύρω.

Η Νιμ φοβόταν πως αν χρησιμοποιούσε το λάπτοπ, θα έδινε μπουνιές στα πλήκτρα, θα διέλυε το πληκτρολόγιο. Άρπαξε ένα κομμάτι χαρτί, ένα μολύβι και βγήκε έξω.

Για την Άλεξ Ρόβερ,

Ήταν απαίσιο αυτό που έκανες. Με ξεγέλασες, ακόμα κι αν δεν το ήθελες, γιατί όταν ήμουν στ' αλήθεια μόνη μου, όταν φοβόμουν κι όταν βαριόμουν, σκεφτόμουν εσένα, όσα έκανες εσύ. Πίστευα πως μπορούσα να τα κάνω κι εγώ. Κάτι εντελώς ηλίθιο φυσικά, αφού δεν είσαι εσύ ο ήρωας. Μακάρι να μην τα έκανα ποτέ. Μακάρι να μην ευχόμουν ποτέ να ήσουν εσύ ο πατέρας μου αντί ο Τζακ.

Δε θα σε συγχωρήσω ποτέ.

Αντίο για πάντα.

Νιμ

Ψαχουλεύοντας στο σκοτάδι, βρήκε ξυλάκια και κλαδάκια για φωτιά. Όταν την άναψε και φούντωσε για τα καλά, πέταξε το γράμμα στην κορυφή της, για να το μεταφέρει ο καπνός μακριά, πολύ μακριά, όπου στο καλό ζούσε η Άλεξ Ρόβερ, για να το μυρίσει και να καταλάβει πόσο θυμωμένη ήταν η Νιμ.

Η Σέλκι κι ο Φρεντ την πλησίασαν.

— Η Άλεξ Ρόβερ μου είπε ψέματα, τους είπε η Νιμ κι έριξε άλλο ένα κλαδάκι στη φωτιά.

Η Σέλκι γουργούρισε εκείνη τη στιγμή κάτω από το στήθος της.

— Όχι ψέματα ακριβώς, μουρμούρισε η Νιμ και σκούπισε τα δάκρυά της στη ζεστή γούνα της Σέλκι, αλλά δεν είναι ο ήρωας. Νόμιζα πως ήξερα ποιος ήταν ο Άλεξ Ρόβερ... ήταν φίλος μου και τώρα τον έχασα!

Η Σέλκι γρύλισε παρηγορητικά.

— Δε θα αλλάξεις, δε θα γίνεις κάτι άλλο, έτσι δεν είναι; τη ρώτησε η Νιμ, χωρίς να είναι σίγουρη αν αστειευόταν ή όχι. Δε θα ξυπνήσω το πρωί και θα σε δω γοργόνα, ε;

Η Σέλκι ξαναγρύλισε, λίγο δυνατότερα αυτή τη φορά.

— Η Άλεξ πιστεύει πως είσαι σκυλί του

Αγίου Βερνάρδου... και νομίζει πως ο Φρεντ είναι *κανίς*! Είναι θεόχαζη!

Ξαφνικά άρχισε να χαχανίζει.

— Νόμιζε πως είστε σκυλιά κι εγώ νόμιζα πως αυτή ήταν ο ήρωας!

Το χαχάνισμα έγινε γέλιο, το γέλιο ουρλιαχτό. Γρήγορα άρχισε να κυλιέται στην άμμο. Ο λόξιγκάς της έγινε ένα με το γέλιο της ή το κλάμα της· ούτε κι εκείνη δεν ήξερε καλά καλά τι ήταν. Μέχρι που ο Φρεντ φταρνίστηκε κι η Σέλκι άρχισε να βγάζει δυνατούς ήχους για να την αναγκάσει να σταματήσει ό,τι κι αν ήταν αυτό που έκανε.

Η Νιμ ήξερε πως υπήρχε κι άλλος ένας λόγος που έστειλε το γράμμα στην Άλεξ έτσι ώστε να μην μπορεί να το διαβάσει.

Όταν ανέτειλε ο ήλιος το επόμενο πρωί, άνοιξε και πάλι το φορητό υπολογιστή της.

Από: jack.rusoe@explorer.net
Προς: aka@incognito.net
Αποστολή: Κυριακή 11 Απριλίου, 6:45

Αγαπητή Άλεξ Ρόβερ,

Μπορεί και να μη με ξεγέλασες. Ήθελα να γνωρίσω κάποιον γενναίο, μια που δεν ήμουν εγώ η ίδια.

Μπορεί να σε ξεγέλασα κι εγώ, κατά λάθος. Η Σέλκι κι ο Φρεντ δεν είναι σκυλιά, αλλά θα τους συμπαθήσεις.

Πότε έρχεσαι;

Νιμ

Από: aka@incognito.net
Προς: jack.rusoe@explorer.net
Αποστολή: Κυριακή 11 Απριλίου, 1:46

Αγαπητή Νιμ,

Τώρα.

Φιλιά,
Άλεξ

Επί δύο ολόκληρες νύχτες και δύο ολόκληρες μέρες η Άλεξ σχεδίαζε, ταξινομούσε, πακετάριζε.

Είχε γυρίσει το διακόπτη της ζωής της και ζούσε σύμφωνα με τις ώρες του νησιού της Νιμ. Κοιμόταν όταν νύχτωνε εκεί και σηκωνόταν μέσα στο σκοτάδι κι άνοιγε το κομπιούτερ της όταν ξημέρωνε στο νησί.

Αρνιόταν να σκεφτεί τι θα έκανε αν της έλεγε «όχι» η Νιμ. Αλλά δεν πίστευε πως η Νιμ δεν ένιωθε μοναξιά και δεν ήξερε αν ο Τζακ θα γύριζε στα σίγουρα γρήγορα.

Τίποτα σε ολόκληρη τη ζωή της δεν της φαινόταν πιο σημαντικό από αυτό.

Έβαλε μέσα στη βαλίτσα της ένα κουτί πρώτων βοηθειών, το φορητό υπολογιστή της, το κινητό της, δύο σημειωματάρια, δύο πένες, μια οδοντόβουρτσα, δύο μπλουζάκια, δύο σορτς, ένα τζιν παντελόνι, τρεις αλλαξιές εσώρουχα, κάλτσες και το χάρτη πάνω στον οποίο είχε μαρκάρει το νησί με μια τελίτσα. Ύστερα σήκωσε τη βαλίτσα της και κλείδωσε την πόρτα πίσω της.

12

ΤΟ ΠΡΩΤΟ ΑΕΡΟΠΛΑΝΟ που πήρε ήταν ένα Airbus. Μεγάλο και γερό, με τετρακόσιους επιβάτες κι αμέτρητο πλήρωμα.

— Άλεξ Ρόβερ! φώναξε μια αεροσυνοδός. Η παγκοσμίου φήμης συγγραφέας;

— Μάλλον, έκανε η Άλεξ.

— Ελάτε να γνωρίσετε τον πιλότο. Θα ενθουσιαστεί!

— Μοιάζεις με φοβισμένη τσούχτρα, μάλωσε τον εαυτό της η Άλεξ.

— Ορίστε;

— Πολύ θα το ήθελα, συνέχισε η Άλεξ και την ακολούθησε στην καμπίνα του πιλότου.

— Η Άλεξ Ρόβερ! φώναξε ο πιλότος και κατακοκκίνισε σαν ντομάτα. Πάντα αναρωτιόμουν... δηλαδή... θα θέλατε να πιλοτάρετε εσείς το αεροπλάνο;

— Όχι, ευχαριστώ!

— Δεν το βρίσκετε εξαιρετικά συναρπαστικό; ρώτησε ο πιλότος και της έδειξε στο ταμπλό διάφορα ενδιαφέροντα όργανα του αεροσκάφους.

Το μόνο που σκεφτόταν η Άλεξ ήταν το πόσο πολύ ψηλά βρισκόταν από το έδαφος. Και μετά το έδαφος έγινε ωκεανός, κι αυτό δεν την έκανε να αισθανθεί καλύτερα.

Προσγειώθηκαν μετά το ηλιοβασίλεμα κι όταν η Άλεξ βρήκε το μικρό αεροπλάνο που θα τη μετέφερε κοντά στο νησάκι της Νιμ, ο πιλότος τής εξήγησε πως δεν μπορούσαν να απογειωθούν προτού ξημερώσει.

— Δεν μπορώ να προσγειωθώ σε αυτό το νησί μέσα στο σκοτάδι. Δεν είμαι ατρόμητος σαν κι εσένα! την προειδοποίησε.

— Δεν είμαι ατρόμητη, ήθελε να πει η Άλεξ. Το μόνο που θέλω είναι να πάω όσο το δυνατόν γρηγορότερα στο νησί της Νιμ.

Όταν έφτασε στο ξενοδοχείο, το συναίσθημα φούντωσε. Ένιωθε σαν τίγρη σε κλουβί που προσπαθούσε να ελευθερωθεί.

Αντί γι' αυτό όμως έριξε μια ματιά στα μηνύματά της.

Από: jack.rusoe@explorer.net
Προς: aka@incognito.net
Αποστολή: Κυριακή 11 Απριλίου, 18:28

Αγαπητή Άλεξ,

Δεν το πιστεύω πως έρχεσαι! Πώς θα φτάσεις εδώ; Πόσο θα μείνεις; Ξέχασα να σου δώσω τον αριθμό του τηλεφώνου μου. Είναι: 022 446 579.

Δεν έχω μιλήσει στο τηλέφωνο με κανέναν εκτός από τον Τζακ, αλλά πιστεύω πως είναι το ίδιο.

Νιμ

Από: aka@incognito.net
Προς: jack.rusoe@explorer.net
Αποστολή: Κυριακή 11 Απριλίου, 22:00

Αγαπητή Νιμ,

Σκέτη ατυχία! Δεν μπορώ να συνεχίσω το ταξίδι μου σήμερα το βράδυ κι είναι πολύ αργά για να σου τηλεφωνήσω!

Μόλις ξημερώσει, θα πετάξω για το Ηλιόλουστο Νησί, για να συναντήσω μια εταιρεία που διοργανώνει κρουαζιέρες στα νησιά. Μου φάνηκαν πολύ ανόητοι. Ονομάζουν την εταιρεία τους «Τουρίστες Τροπικών Νησιών» και προσφέρθηκαν να με πάνε σε όποιο νησί θέλω, αν και δεν τους είπα ακόμα ποιο.

Διασκέδασα πολύ επικοινωνώντας μαζί σου με μηνύματα, Νιμ. Ό,τι κι αν συμβεί από δω και πέρα, χαίρομαι που προσπάθησα να έρθω να σε συναντήσω.

Θα σε δω αύριο!

Φιλιά,

Άλεξ

Η Νιμ ξύπνησε. Ήταν ακόμα σκοτάδι. Ένιωθε ενθουσιασμένη, λες κι ήταν Χριστούγεννα. Άναψε το φως και κοίταξε τα μηνύματα.

Η Άλεξ έδωσε μια στο ξυπνητήρι, αλλά αυτό συνέχιζε να χτυπάει. Έπιασε το τηλέφωνό της.

— Αυτοί είναι οι κακοί! φώναξε μια κοριτσίστικη φωνή.

— Ποιος; έκανε η Άλεξ. Τι;

Μετά κατάλαβε.

— Οι Τουρίστες Τροπικών Νησιών;

— Κυνήγησαν τη φάλαινα όταν πέθανε η

μαμά μου. Και τώρα θέλουν να φέρνουν ανθρώπους εδώ να μας κοιτάζουν και να ενοχλούν τα ζώα. Ο Τζακ τους μισεί. Δεν πρέπει να τους φέρεις εδώ!

— Δε θα τους φέρω, την καθησύχασε η Άλεξ. Μου φαίνεται πως είναι καιρός να πάρουν ένα καλό μάθημα.

— Πώς;

— Έχω τέσσερις ώρες. Κάτι θα σκεφτώ.

Η Νιμ ένιωσε ένα παράξενο συναίσθημα όση ώρα μιλούσε με την Άλεξ. Αισθάνθηκε σαν να μιλούσε σε μια φίλη της.

Ώσπου να ανατείλει για τα καλά ο ήλιος, η Άλεξ έκανε ντους, ντύθηκε, έφαγε το πρωινό του ξενοδοχείου και περίμενε στο αεροδρόμιο. Ακόμα όμως δεν είχε σκεφτεί πώς θα πήγαινε στο νησί της Νιμ και ταυτόχρονα πώς θα το κρατούσε κρυφό από τους Τουρίστες Τροπικών Νησιών.

— Έχεις σκεφτεί κάποιο παράτολμο σχέδιο; αστειεύτηκε ο πιλότος καθώς έβαζε μπρος τη μηχανή. Θα πηδήξεις με αλεξίπτωτο στο επόμενο βιβλίο σου;

— Καθόλου κακή ιδέα, μουρμούρισε η Άλεξ. Προτιμώ να πηδάω από ένα αεροπλάνο παρά να μένω μέσα του.

Ο πιλότος χλώμιασε σαν τις αρθρώσεις των δαχτύλων της Άλεξ. Μα δεν υπάρχει ξηρά από εδώ μέχρι εκεί που θα πάμε! της εξήγησε.

Η Άλεξ έριξε μια ματιά στο χάρτη και κατάλαβε πως είχε δίκιο. Το νησί της Νιμ ήταν πολύ μακριά για να φτάσει ως εκεί με αυτό το μικρό αεροπλάνο. Ύστερα έπρεπε να συναντήσει τους Τουρίστες Τροπικών Νησιών, τους αληθινά κακούς, τους υπαίτιους για το χαμό της μαμάς της Νιμ. Αν δεν παρουσιαζόταν, θα έψαχναν να βρουν μόνοι τους το νησί της Νιμ. Κι αυτή τη φορά μπορεί να τα κατάφερναν.

Ο φόβος της εξαφανίστηκε, τόσο ξαφνικά και τόσο τελειωτικά λες κι είχε πέσει από το αεροπλάνο χωρίς αλεξίπτωτο.

Τώρα είχε θυμώσει. Για πρώτη φορά κατάλαβε τι ένιωθε ο ήρωάς της όταν πολεμούσε τους κακούς.

— Και θα τους νικήσω! μουρμούρισε.

Ο πιλότος ανησυχούσε ακόμα μην τυχόν πηδήξει από το αεροπλάνο.

— Κοντεύουμε να φτάσουμε, την ενημέρωσε. Το αεροδρόμιο είναι λίγο πιο κάτω από τη σχολή ιστιοπλοΐας. Βλέπετε εκεί στο βάθος τις μικρές βάρκες με τα πανιά;

Η Άλεξ κοίταξε και προσπάθησε να μη δώσει σημασία στο στομάχι της που έκανε βουτιές πιο γρήγορα κι από το αεροπλάνο. «Ενδιαφέρον», σκέφτηκε. «Είμαι θυμωμένη και την ίδια στιγμή μού έρχεται εμετός!» Παραδίδουν μαθήματα; ρώτησε, γιατί αν δε μιλούσε, μπορεί και να τον έκανε τελικά τον εμετό.

— Παραδίδουν μαθήματα, νοικιάζουν βάρκες... Το επόμενο βιβλίο σας εξελίσσεται στη θάλασσα;

— Περίπου, απάντησε η Άλεξ.

Δεν μπορούσε να πει και πολλά, γιατί ο ύπουλος, μικρούλης φόβος είχε χωθεί και πάλι μέσα της και κρατούσε την αναπνοή της για να βοηθήσει το αεροπλάνο να προσγειωθεί.

Δύο ώρες αργότερα ήταν πιο μούσκεμα από ποτέ κι είχε μάθει περισσότερα από όσα ήθελε για το πώς αναποδογυρίζει μια βάρκα με πανιά και πώς αισθάνεται κάποιος που αναποδογυρίζει μαζί της. Αλλά ταυτόχρονα έμαθε καλά πώς να ανεβαίνει και πάλι πάνω της, να τη σπρώχνει προς τη σωστή πλευρά, να τραβάει τα πανιά και να την οδηγεί.

Επιπλέον, αγόρασε και μια μικρή μπλε βάρκα με πανιά.

— Καθόλου άσχημα για αρχάριο, σχολίασε η ιδιοκτήτρια της σχολής, βάζοντας στην τσέπη της τα χρήματα. Φροντίστε όμως να μην απομακρύνεστε από την ακτή!

Η Άλεξ προσπάθησε να χαμογελάσει.

— Παράξενο, συνέχισε η γυναίκα. Έχετε το ίδιο όνομα με τη διάσημη συγγραφέα. Αυτή που γράφει περιπετειώδη μυθιστορήματα. Αλλά δε νομίζω πως εκείνη θα χρειαζόταν μαθήματα ιστιοπλοΐας!

— Ούτε κι εγώ χρειάζομαι τώρα! μονολόγησε η Άλεξ. Είμαι έτοιμη να ξεκινήσω! συνέχισε και προσπάθησε να το πιστέψει.

Έβαλε τη βαλίτσα της μέσα στη βάρκα, σάλπαρε έξω από το λιμανάκι της σχολής ιστιοπλοΐας κι έστριψε για να συναντήσει το ροζ και μοβ πλοίο που ανήκε στους Τουρίστες Τροπικών Νησιών.

— Γεια σας! φώναξε, πηδώντας στην αποβάθρα και ισιώνοντας το κορμί της για να δείχνει όσο πιο ψηλή και γενναία μπορούσε.

Ο καπετάνιος κατέβηκε τρέχοντας τη σανίδα του πλοίου και την πλησίασε.

— Είστε η Άλεξ Ρόβερ; Τι... τι θαυμάσια έκπληξη!

— Θα γράψετε βιβλίο για μας; ρώτησε κάποιος από το πλήρωμα.

— Μπορεί, απάντησε η Άλεξ.

— Τότε πρέπει να σας κάνουμε την καλύτερη εντύπωση, χαμογέλασε ο καπετάνιος, προσπαθώντας να ρουφήξει το στομάχι του κάτω από το μπλουζάκι με το διαφημιστικό σλόγκαν της εταιρείας.

— Είμαι σίγουρη πως θα μου κάνετε, συμφώνησε η Άλεξ. Σας πειράζει να πάρω μαζί μου και τη βαρκούλα μου;

— Εσείς, εκεί! διέταξε ο καπετάνιος δύο άντρες του πληρώματος. Ανεβάστε τη βάρκα στο κατάστρωμα. Και τώρα, συνέχισε, τρίβοντας με ενθουσιασμό τα χέρια του, θα μας πείτε πού βρίσκεται αυτό το νησί;

Η Άλεξ του έδειξε ένα σημάδι στο χάρτη, λίγο ανατολικότερα από το νησί της Νιμ.

— Θα θέλαμε να μάθουμε περισσότερα

γι' αυτό, είπε ο καπετάνιος κι έβαλε μπρος τη μηχανή.

Η Άλεξ ήταν και η πρώτη στη διήγηση. Αφιέρωσε ολόκληρη τη ζωή της στο να διηγείται ιστορίες. Έκανε τους ανθρώπους να γελάνε, να κλαίνε, να κρατάνε την αναπνοή τους και ποτέ δεν είχε πει μια ιστορία τόσο σημαντική όσο αυτή.

Μιλούσε σιγά και το πλήρωμα μαζεύτηκε κοντά της, πιάστηκε στα δίχτυα των λέξεών της.

— Πριν από πολλά πολλά χρόνια, όταν ο κόσμος ήταν μικρούλης, άρχισε να δημιουργείται ένα ηφαίστειο, βαθιά κάτω από τη θάλασσα. Μεγάλωνε αργά, μέρα με τη μέρα, χρόνο με το χρόνο, ρουφώντας λάβα από την καρδιά της γης. Κυλούσε, έβραζε, έλιωνε βράχια, πιο καυτό κι από την ίδια τη φωτιά, πιο καυτό κι από τον ήλιο. Ύστερα μια λαμπερή μέρα, μια μέρα σαν τη σημερινή, μια μέρα σαν τις εκατομμύρια άλλες λαμπερές καλοκαιρινές μέρες, το βουνό κάτω από τη θάλασσα *εξερράγη*!

Την τελευταία λέξη την είπε σχεδόν σφυριχτά, ανοίγοντας διάπλατα τα χέρια και τα μάτια της. Το πλήρωμα ανατρίχιασε.

— Με ένα βρυχηθμό που ταρακούνησε τη γη, μετατράπηκε σε καταιγίδα. Κεραυνοί βρόντησαν, αστραπές έλαμψαν, άνεμοι ούρλιαξαν, κύματα υψώθηκαν. Από την καρδιά του ηφαιστείου ξεχύθηκαν λιωμένα βράχια και καυτή λάβα που ανέβαιναν ψηλά, ολοένα ψηλότερα. Κι όταν σταμάτησαν να ανεβαίνουν, τα λιωμένα βράχια πάγωσαν κι έγιναν πέτρες και το μικρούλικο βουνό κάτω από το βυθό έγινε ολόκληρο νησί με την καρδιά του να ξεπετάγεται έξω από τη θάλασσα. Μερικά νησιά, συνέχισε η Άλεξ, καθώς το πλήρωμα παρέμενε σιωπηλό κι ακίνητο γύρω της, που γεννήθηκαν από τη θάλασσα είναι ήρεμα. Αλλά αυτό το νησί δεν είναι. Αυτό το νησί παρέμεινε καυτό κι άγριο. Το ηφαίστειό του ξερνάει ακόμα φωτιά, καυτή λάβα κατρακυλάει στις πλαγιές του κι απαίσια βρόμα χορεύει παρέα με την ομίχλη του. Τα βράχια του είναι κατάμαυρα και κοφτερά, οι γκρεμοί του απόκρημνοι.

— Δεν έχει χρυσαφένιες αμμουδιές; ρώτησε με ελπίδα ο καπετάνιος.

— Λίγες, παραδέχτηκε η Άλεξ. Αλλά μπροστά από τις αμμουδιές, κάνοντας στροφή γύρω από τα βράχια στη μια μεριά και στους γκρεμούς από την άλλη, υπάρχει ένας βραχώδης ύφαλος που μοιάζει με λαβύρινθο. Είναι ύπουλος. Κοφτερός σαν σπαθί, ένας ύφαλος που ξεσκίζει πλοία.

Το πλήρωμα ανατρίχιασε και πάλι.

— Στα βράχια του νησιού, συνέχισε η Άλεξ, ζουν θαλάσσια λιοντάρια. Τα πιο έξυπνα που έχετε δει ποτέ. Τα πιο δυνατά και τα πιο γενναία όλου του κόσμου. Έτοιμα να προστατεύσουν τον τόπο τους. Αν κάποιο πλοίο καταφέρει να περάσει τα θαλάσσια λιοντάρια, βρει το δρόμο του μέσα στο λαβύρινθο του υφάλου, δεν πάθει ασφυξία από το αέριο που μυρίζει χαλασμένο αυγό, ή δεν ψηθεί στη λάβα που βράζει, όταν φτάσει στην παραλία, θα βρει μπροστά του τους δράκους.

— Τους δράκους; πετάχτηκε ένα μέλος του πληρώματος.

— Μικροί δράκοι, αλλά τόσοι πολλοί που καλύπτουν ολόκληρη την άμμο και σαν τα θαλάσσια λιοντάρια πολεμούν γενναία για να σώσουν το νησί τους.

Προχώρησε γρήγορα παρακάτω, μην τυχόν και τη ρωτήσει κανένας τίποτα.

— Υπάρχουν και πουλιά σε αυτό το νησί. Πουλιά μεγάλα, δυνατά και σκληραγωγημένα να ζουν σε ένα βουνό που ξεβράζει φωτιά κι αποπνικτικό αέριο. Πουλιά γοργά κι ευκίνητα σαν σαΐτες, που εφορμούν κι αρπάζουν τα μαλλιά από το κεφάλι ανθρώπου.

Ο καπετάνιος κατέβασε απότομα το κασκέτο του γύρω από τα αυτιά του.

— Γιατί θέλετε να επισκεφθείτε ένα τέτοιο απαίσιο μέρος; ρώτησε κάποιος από το πλήρωμα. Εγώ δε θα πήγαινα ποτέ εκεί!

— Δε χρειάζεται, είπε η Άλεξ. Θα κατεβάσετε τη βάρκα μου και θα ταξιδέψω μόνη μου την υπόλοιπη διαδρομή.

— Μα γιατί; επανέλαβε ο καπετάνιος.

— Για να δω αν μπορεί να δραπετεύσει έτσι από τους κακούς ο ήρωάς μου, είπε ψέματα η Άλεξ, γιατί ήξερε πως αν έβλεπαν το νησί, θα ξεχνούσαν την ιστορία της.

— Ακούγεται σαν να είμαστε εμείς οι κακοί, χαχάνισε ο καπετάνιος.

— Εξαρτάται, είπε η Άλεξ κι άρχισε να τους διηγείται το δεύτερο μέρος της ιστορίας της, γιατί μέχρι τώρα δεν τους είχε τρομάξει και πολύ.

Ήθελε να τους κάνει να αισθανθούν τόσο άσχημα που να μην τολμήσουν *ποτέ, μα ποτέ* να πειράξουν ξανά τη Νιμ και τον Τζακ.

— Ο ήρωάς μου είναι ένας θλιμμένος, μοναχικός άντρας που μια φορά κι έναν καιρό ζούσε ευτυχισμένος παρέα με τη γυναίκα του και το μωρό του, βοηθώντας τον κόσμο με τις επιστημονικές του έρευνες. Μια μέρα όμως, όταν η γυναίκα του βρισκόταν βαθιά κάτω από τη θάλασσα, μελετώντας μια φάλαινα, ένα πλοίο που έκανε θόρυβο πλησίασε να την κατασκοπεύσει. Ο ήρωάς μου παρακάλεσε το πλοίο να απομακρυνθεί, να σταματήσει το θόρυβο, να μείνει μακριά από την τρομοκρατημένη φάλαινα, αλλά όλοι έβαλαν τα γέλια. Γελούσαν ολοένα και δυνατότερα κι άρχισαν να κυνηγούν τη φάλαινα. Και τότε εκείνη βούτηξε βαθιά στο βυθό της θάλασσας, παρασέρνοντας και τη γυναίκα του ήρωα. Από τότε δεν την ξαναείδε κανείς.

Τις τελευταίες λέξεις τις ψιθύρισε. Ένα μέλος του πληρώματος ρούφηξε τη μύτη του, ένα άλλο φύσηξε τη μύτη του και οι υπόλοιποι σκούπισαν τα μάτια τους.

— Είναι αυτοί οι κακοί; ρώτησε η Άλεξ.

Πρέπει να αποφασίσετε, γιατί η ιστορία δεν τελειώνει εδώ. Οι ήρωές μου ζουν τώρα σε αυτό το άγριο, επικίνδυνο νησί, μακριά από τους καλούς και τους κακούς ανθρώπους. Αν όμως ξαναγυρίσει αυτό το θορυβώδες πλοίο, γεμάτο ανθρώπους έτοιμους να ποδοπατήσουν το μοναχικό τους σπίτι, να παλέψουν με τα θαλάσσια λιοντάρια και τους φίλους τους τους δράκους και να καταστρέψουν τις επιστημονικές τους μελέτες, αυτές που προσφέρουν σε ολόκληρο τον κόσμο;

Δάκρυα έτρεχαν πάνω στα τουριστικά μπλουζάκια. Αναφιλητά, θόρυβοι μουσκεμένοι.

— Θα είναι τραγικό το τέλος τότε! είπε το πλήρωμα. Δεν μπορείς να τελειώσεις έτσι μια ιστορία! και συνέχισε να κλαίει.

Η Άλεξ κοίταξε τον καπετάνιο.

Ο καπετάνιος δε νοιαζόταν για τη Νιμ και τον Τζακ, αλλά φοβόταν τα θαλάσσια λιοντάρια και τους δράκους, καθώς και τον ύφαλο που ξέσκιζε τα πλοία. Και φοβόταν ακόμα, πάρα πολύ, μην τυχόν και μπει κι αυτός στο βιβλίο της Άλεξ. Γιατί τότε οι άνθρωποι δε θα πλήρωναν ένα σωρό λεφτά για να πάνε κρουαζιέρα με τους Τουρίστες Τροπικών Νησιών, αν ήξεραν πως ο καπετάνιος είναι ο κακός.

Τα μάτια του έδειχναν κοφτερά και παγωμένα σαν μάτια καρχαρία. Αλλά προσπάθησε να χαμογελάσει.

— Μια ιστορία πρέπει να έχει καλό τέλος, είπε. Οι ήρωές σου μπορούν να ζήσουν ανενόχλητοι στο νησί τους και οι τουρίστες μπορούν να βρουν κάποια άλλα νησιά να εξερευνήσουν.

13

Η ΝΙΜ ΕΚΑΝΕ τις δουλειές της τραγουδώντας. Δεν ήξερε πώς θα νικούσε η Άλεξ Ρόβερ τους κακούς, αλλά ήταν σίγουρη πως μπορούσε.

Έγραψε τις σημειώσεις της στους χάρτες και καθάρισε την καλύβα. Ξεσκόνισε, τίναξε και σκούπισε. Βρήκε καινούρια φύλλα φοίνικα για να φτιάξει το κρεβάτι της Άλεξ, τακτοποίησε τα κοχύλια γύρω από το μαργαριτάρι της καρύδας και τη φωτογραφία της μαμάς της.

Ξεχορτάριασε και πότισε το λαχανόκηπο, έφαγε δύο μπανάνες και λίγα μπιζέλια για μεσημεριανό, φύτεψε τρεις γλυκοπατάτες και μάζεψε ένα μαρούλι, ένα αβοκάντο, μια ντομάτα και τρεις χούφτες φράουλες.

Ύστερα βούτηξε στη λιμνούλα για να ξεκουραστεί και να κάνει μπάνιο και μετά, παρέα με το Φρεντ, παρακολούθησε τα πουλιά που πετούσαν από πάνω της.

Πετούσαν προς το νησί, λες και ήταν νύχτα.

Κάτι δεν πήγαινε καλά.

Τα θαλάσσια λιοντάρια στην παραλία έκρωζαν κι ήταν ανήσυχα. Οι φίλοι του Φρεντ σφύριζαν πάνω στα βράχια. Ακόμα κι οι γεροντότεροι έτρεχαν φοβισμένοι να κρυφτούν στις τρύπες των βράχων.

Η Σέλκι βρισκόταν στην καλύβα και έβγαζε ανήσυχες κραυγές στη Νιμ.

Δύο ακόμα γλάροι κι ένας ταχυπέτης πέρασαν από πάνω της.

— Γαλιλαίε! φώναξε η Νιμ, τρέχοντας προς την καλύβα να βρει το τουριστικό καπέλο. Έχεις κάτι για μένα;

Το μεγάλο πουλί έκανε βουτιά προς τα κάτω, άρπαξε το ψάρι κι άφησε τη Νιμ να πάρει το σημείωμα από το πόδι του.

Αγαπημένη μου Νιμ,

Τα πουλιά λένε πως έρχεται καταιγίδα.

ΠΗΓΑΙΝΕ ΣΤΗ ΣΠΗΛΙΑ ΕΚΤΑΚΤΟΥ ΑΝΑΓΚΗΣ.

Πάρε μαζί σου το τηλέφωνο, το λάπτοπ, τον ηλιακό συλλέκτη, το επιστημονικό υλικό, το φορτιστή της μπαταρίας κι ό,τι άλλο προλάβεις. Πρώτα απ' όλα πρόσεξε τον εαυτό σου. Μόλις δεις την καταιγίδα να πλησιάζει, πέταξέ τα όλα και τρέχα να σωθείς.

Αν καταφέρω να νικήσω την καταιγίδα, θα έρθω σπίτι σήμερα ή νωρίς αύριο το πρωί.

Σ' αγαπάω (όσο αγαπάει ο Τζακ τη Νιμ)!

Τζακ

Η Νιμ κοίταξε τον ουρανό. Ήταν πεντακάθαρος και γαλάζιος, αλλά ο αέρας έδειχνε ακίνητος και βαρύς και ήξερε πως τα πουλιά έλεγαν την αλήθεια. Όπως επίσης ήξερε πως έπρεπε να κάνει ό,τι της είχε πει ο Τζακ. Δεν της άρεσε η Σπηλιά Εκτάκτου Ανάγκης, αλλά ήταν καλύτερη από την καταιγίδα.

Κι ακόμα καλύτερα από το να βρίσκεται σε μια βάρκα μέσα στη μέση της καταιγίδας και χίλιες φορές καλύτερα από το να βρίσκεται σε μια βάρκα μέσα στην καταιγίδα και να μην ξέρει πως έρχεται καταιγίδα.

— Πρέπει να ειδοποιήσω την Άλεξ! είπε η Νιμ και την πήρε τηλέφωνο.

Η Άλεξ απάντησε στο δεύτερο κουδούνισμα.

— Έμαθα ιστιοπλοΐα κι έρχομαι! Μόλις κατέβηκα από το πλοίο.

— Ανέβα πάλι πάνω, την παρακάλεσε η Νιμ.

Αλλά ο βρυχηθμός των μηχανών κατάπιε την απάντηση της Άλεξ κι όταν η φωνή εξασθένησε στην απόσταση, η Άλεξ έλεγε:

— Βλέπω μια κουκκίδα. Αυτό θα είναι το νησί σου. Έρχομαι γρήγορα. Ο καπετάνιος μού είπε πως όπου να 'ναι θα φυσήξει.

— Δεν είναι άνεμος, ούρλιαξε η Νιμ. Είναι καταιγίδα!

Και τότε η δορυφορική κεραία στο πλοίο απομακρύνθηκε πολύ και το τηλέφωνο της Άλεξ έχασε κάθε σήμα.

Η Νιμ πέταξε το τηλέφωνό της στο καροτσάκι. Έχωσε το μαργαριτάρι της καρύδας στην τσέπη της, κατέβασε τη δορυφορική κεραία και τον ηλιακό συλλέκτη. Φόρτωσε τη φωτογραφία της μαμάς της, το φακό, το φορτιστή της μπαταρίας, το λάπτοπ και τη δορυφορική κεραία στο καροτσάκι κι έδεσε τον ηλιακό συλλέκτη στην κορυφή.

Ο Φρεντ σκαρφάλωσε στην κορυφή *όλων αυτών* και παραλίγο να τα ρίξει όλα κάτω.

— Το περπάτημα θα σου κάνει καλό, του είπε η Νιμ και τον κατέβασε κάτω, προτού αναποδογυρίσει τα πάντα.

— Έλα να μας βρεις στη Σπηλιά Εκτάκτου Ανάγκης! φώναξε στη Σέλκι.

Η Κίκα θα ήταν περισσότερο ασφαλής στο βυθό της Αμμουδιάς της Θαλάσσιας Χελώνας, αλλά τα θαλάσσια λιοντάρια δεν μπορούν να μένουν για πάντα στο βυθό. Αφού η Νιμ δεν μπορούσε να έχει τον Τζακ στη διάρκεια της καταιγίδας, χρειαζόταν τη Σέλκι.

Όταν έφτασε στις Σφυριχτές Πέτρες, αναγκάστηκε να παρατήσει το καροτσάκι και να τα μεταφέρει όλα πάνω από τα μαύρα βότσαλα στη σπηλιά. Το λάπτοπ ήταν βαρύ και φοβόταν μην της πέσει. Ο ηλιακός συλλέκτης σερνόταν, οι γωνίες του χώνονταν στις ρωγμές των βράχων, αλλά με τέσσερις διαδρομές όλο το φορτίο βρέθηκε με ασφάλεια στη σπηλιά.

— Θα μείνεις εδώ! διέταξε το Φρεντ.

Η Σέλκι είχε σταματήσει να ψαρεύει, αλλά η Νιμ σφύριξε δύο φορές με το κοχύλι της για να της πει πού βρίσκονταν.

Η θάλασσα ήταν ακόμη ακίνητη και ήρεμη. Ο αέρας ούτε καν ανάσαινε.

— Βάζω στοίχημα πως τα μετέφερα όλα αυτά για το τίποτα! είπε θυμωμένα η Νιμ και ρυμούλκησε και πάλι το καροτσάκι στην καλύβα για να πάρει τα βιβλία και τα αρχεία του Τζακ. Ήταν βαριά και χρειάστηκε να κάνει τρεις διαδρομές για να τα ανεβάσει από τις Πέτρες στη σπηλιά. «Άλλο ένα φορτίο!» σκέφτηκε.

Αυτή τη φορά πήρε το στρώμα της, τα μπουκάλια του νερού, την οδοντόβουρτσα, τη χτένα, τα ρούχα και το βαρόμετρο και τα έριξε στο καροτσάκι της όσο πιο γρήγορα μπορούσε, γιατί τώρα έβλεπε μακριά έναν ανεμοστρόβιλο, μια δίνη σκοτεινού αέρα, μαύρου και κίτρινου σαν μελανιά, να τρέχει ανατολικά.

Ερχόταν γρήγορα. Πιο γρήγορα κι από το χρόνο που κάνει ο Φρεντ όταν τρέχει να πιάσει μια καρύδα. Η Νιμ άφησε τη λαβή από το καροτσάκι της κι άρχισε να τρέχει στα λιβάδια. Ο άνεμος τη χτύπησε μόλις έφτασε στα Μαύρα Βράχια.

Την έριξε κάτω και μαστίγωσε τα μαλλιά της. Γέμισε δάκρυα τα μάτια της κι άρπαξε την αναπνοή από τα πνευμόνια της. Η Σέλκι γρύλισε για να της δώσει κουράγιο. Ο Φρεντ το έβαλε στα πόδια κι η Νιμ σκαρφάλωσε στα τέσσερα όλο τον υπόλοιπο δρόμο. Μόλις έφτασε στην είσοδο της σπηλιάς, βρόντησε ο πρώτος κεραυνός κι η βροχή έπεσε με δύναμη, σαν τον αφρό των κυμάτων στην παραλία.

Η Άλεξ τράβηξε δυνατά τα πανιά της, όπως ακριβώς της είχε δείξει η δασκάλα της. Το πλοίο είχε εξαφανιστεί. Ήταν ολομόναχη στον απέραντο, άδειο ωκεανό, μέσα σε μια βαρκούλα με πανιά, τόσο εύθραυστη όσο ένα πλαστικό παπάκι του μπάνιου...

«Μακάρι να έχει δίκιο η Νιμ. Μακάρι να είμαι εγώ ο ήρωάς μου!» σκέφτηκε. «Τουλάχιστον μπορώ να κρατήσω σημειώσεις για την ιστιοπλοΐα, για το απαλό αεράκι, για τα τόσο ενδιαφέροντα σύννεφα...»

Τα ενδιαφέροντα σύννεφα την πλησίαζαν ολοένα και πιο γρήγορα. Ήταν σκούρα γκρίζα και στριφογύριζαν. Το απαλό αεράκι μετατράπηκε σε θύελλα κι η Άλεξ ένιωσε σαν εκείνο τον ήρωα στην ελληνική μυθολογία που άφησε τους ανέμους να δραπετεύσουν από το σάκο μέσα στον οποίο ήταν κλεισμένοι.

Και τότε θυμήθηκε πως είχε ξεχάσει το σωσίβιό της μέσα στο πλοίο.

— Θα δεθώ στο κατάρτι, είπε, αλλά προτού μπορέσει να το πλησιάσει, άρχισε να βρέχει. «Λες και βρίσκομαι μέσα σε πλυντήριο αυτοκινήτων», σκέφτηκε. «Και με τι αυτοκίνητο!»

Το κατάρτι έδειχνε να βρίσκεται τώρα πολύ μακριά της, αλλά δίπλα της υπήρχε ένα μεταλλικό δαχτυλίδι με ένα σκοινί περασμένο μέσα του. Ελευθέρωσε το σκοινί κι έδεσε το ένα άκρο του στο δαχτυλίδι και το άλλο γύρω από τη μέση της.

Και μετά δεν είχε τίποτε άλλο να κάνει εκτός από το να προσπαθεί να κατευθύνει τη βάρκα και να αναρωτιέται αν το σκοινί που ελευθέρωσε ήταν σημαντικό κι αν τέλος πάντων θα βοηθούσε μια βάρκα που ισορροπούσε πάνω σε κύματα ψηλά σαν ουρανοξύστες.

Μπορεί όμως και να μην ήταν ψηλά σαν ουρανοξύστες. Μπορεί να έφταναν στο ύψος μια καλύβας. «Αρκετά ψηλά!» σκέφτηκε, καθώς το ένα την πετούσε στο άλλο.

Ένας κεραυνός βρόντησε στα αυτιά της σαν γροθιά πυγμάχου, μια αστραπή έσκασε στα κύματα.

Έπεσε μπρούμυτα και κόλλησε στο πηδάλιο. Κι ύστερα το επόμενο κύμα βρισκόταν από κάτω της και ο άνεμος ούρλιαζε και την εκτόξευε προς τη μουτζούρα του νησιού της Νιμ. «Πιο γρήγορα κι από τρένο!» υπέθεσε η Άλεξ.

Δεν μπορούσε να αποφασίσει αν αυτό ήταν καλό ή κακό, αλλά είχε αρχίσει να καταλαβαίνει πώς ένιωθε ο ήρωάς της όταν τον έστελνε σε διάφορες περιπέτειες: τρομοκρατημένος, σίγουρος πως θα πέθαινε και τόσο ζωντανός που δεν ήθελε να τελειώσει αυτό που ζούσε.

ΚΡΑΚ!

Τα πανιά της κυμάτιζαν σαν μπαλόνια, το κατάρτι σηκώθηκε κι έγειρε έξω από τη βάρκα. Ακούστηκε ένα θλιμμένο πλατάγισμα και το κατάρτι της με τα πανιά βούλιαξαν και χάθηκαν από τα μάτια της.

— Τώρα έγινε βάρκα κωπηλασίας, αποφάσισε η Άλεξ.

Προσποιήθηκε πως ήταν ο ήρωάς της, γιατί αυτόν δε θα τον ένοιαζε πια που το κομπιούτερ του και η βαλίτσα του είχαν πέσει στη θάλασσα και βρίσκονταν τώρα στο βυθό του ωκεανού.

Δε θα φοβόταν καν όταν θα έβλεπε πως το

κατάρτι είχε παρασύρει κι ένα μεγάλο κομμάτι από τον πυθμένα της βάρκας σαν αποχαιρετιστήριο δώρο κι η θάλασσα ερχόταν να πάρει τη θέση του. Ένας ήρωας θα έβγαζε απλώς το καπέλο από το κεφάλι του και θα προσπαθούσε να αδειάσει τα νερά από τη βάρκα. Αυτό ακριβώς έκανε και η Άλεξ.

Το πρόβλημα όμως ήταν πως ακόμα κι όταν προσποιήθηκε τον ήρωα, τα κύματα συνέχιζαν να μοιάζουν με τέρατα, η βροχή έπεφτε αδιάκοπα κι ο άνεμος εξακολουθούσε να ουρλιάζει. Κάθε φορά που συγκρουόταν με πάταγο με ένα κύμα, έμπαινε κι άλλο νερό στη βάρκα. Κι όσο πιο γρήγορα προσπαθούσε η Άλεξ να το βγάλει τόσο λιγότερο έβγαινε. Η τρύπα γινόταν όλο και πιο μεγάλη. Κι όσο μεγαλύτερη γινόταν τόσο πιο γρήγορα τα κύματα χώνονταν μέσα. Κι όσο πιο γρήγορα χώνονταν τόσο μεγάλωνε και η τρύπα.

Κι όσο μεγάλωνε η τρύπα, τόσο πιο γρήγορα βυθιζόταν η βάρκα, λες και είχε κουραστεί να είναι βάρκα και ήθελε να δοκιμάσει να γίνει υποβρύχιο.

Η Άλεξ ήταν δεμένη σφιχτά πάνω της.

— Έπρεπε να είχα κάνει κι άλλα μαθήματα, μουρμούρισε πανικόβλητη, προσπαθώντας να λύσει το σκοινί, και να μάθαινα πώς να λύνω ναυτικούς κόμπους ή οποιονδήποτε τέλος πάντων κόμπο που πρέπει να λυθεί όταν είναι απόλυτα αναγκαίο!

Πρώτα προσπάθησε να λύσει τον κόμπο γύρω από τη μέση της. Ήταν δεμένη τόσο σφιχτά, που καλά καλά δεν μπορούσε να αναπνεύσει. Τα παράτησε και δούλεψε στην άλλη άκρη του σκοινιού. Προσπάθησε να λύσει τον κόμπο με τα δάχτυλά της, με τα δόντια της, βήχοντας και φτύνοντας, γιατί ο κόμπος βρισκόταν τώρα αρκετά κάτω από το νερό.

«Εκεί ακριβώς που θα βρεθώ κι εγώ τώρα», σκέφτηκε και, παρόλο που δεν της άρεσε καθόλου να βρίσκεται στην κορυφή οποιουδήποτε ωκεανού, ο βυθός του της άρεσε ακόμα λιγότερο.

14

Η ΝΙΜ βρισκόταν ξαπλωμένη στο πάτωμα της σπηλιάς. Ακουμπούσε την πλάτη της πάνω στη Σέλκι κρατώντας αγκαλιά το Φρεντ. Από το άνοιγμα έβλεπαν πως η βροχή κυλούσε στάλα στάλα έτοιμη να σταματήσει και η θύελλα είχε μετατραπεί σε δυνατό άνεμο.

Γλίστρησαν έξω για να δουν, ρίχνοντας μια ματιά μέχρι τα Μαύρα Βράχια.

Η θάλασσα έβραζε ακόμα. Ο άνεμος τη μαστίγωνε αλύπητα και δεν ήταν έτοιμη να ηρεμήσει μόνο και μόνο γιατί είχε περάσει η καταιγίδα. Στην ακτή έσκαγαν τεράστια κύματα που άφριζαν, δημιουργώντας σιντριβάνια ουράνιων τόξων στο ξέφωτο του ουρανού.

Θα ήταν όμορφα αν η Νιμ δεν ήξερε πως

ο Τζακ βρισκόταν στη δυτική πλευρά του νησιού κι απομακρυνόταν από αυτό κι η Άλεξ στην ανατολική κι ερχόταν καταπάνω του.

— Θα γκρεμοτσακιστεί στα βράχια! φώναξε.

Έψαξε τον ορίζοντα με τα κιάλια της. Δε φαινόταν κανένα πανί, μια κηλίδα μονάχα, που μπορούσε να ήταν βάρκα ή κάτι τέτοιο.

Φοβόταν ακόμη, αλλά δεν είχε πολύ χρόνο στη διάθεσή της για να σκεφτεί. Μπουσούλησε ως τη σπηλιά κι έσκισε ένα χαρτί από το σημειωματάριό της.

Αγαπημένε μου Τζακ,
Πάω να σώσω την Άλεξ Ρόβερ.
Σ' αγαπώ,
Νιμ

Η Σέλκι την περίμενε, ενώ ο Φρεντ είχε αρχίσει να γλιστράει προς τη θάλασσα.

— Περίμενε! φώναξε η Νιμ. Δεν μπορείς να κολυμπήσεις μόνος σου ως εκεί!

Αλλά ο Φρεντ δεν ήταν μόνος του. Η Κίκα είχε ακούσει το σφύριγμα της Νιμ λίγο νωρίτερα και ξεκουραζόταν στον πάτο της θάλασσας, όσο πιο κοντά μπορούσε στους φίλους της στη σπηλιά. Ο Φρεντ σκαρφάλωσε στην πλάτη της κι έχωσε τα νύχια του στην άκρη του κελύφους της, κοιτάζοντας μπροστά πάνω από το κεφάλι της.

Η Νιμ πιάστηκε γερά από το λαιμό της Σέλκι και γλίστρησαν στο νερό.

Το κολύμπι ήταν δύσκολο, ακόμα και για μια γενναία κι αποφασισμένη φώκια. Τα κύματα τους χτυπούσαν τόσο δυνατά και ήταν τόσο ψηλά, που καμιά φορά πετούσαν τη Σέλκι προς τα πίσω και κάτω από το νερό. Εκεί ακριβώς που αρέσει στις φώκιες να κολυμπούν, όταν φυσικά δε μεταφέρουν κορίτσια στην πλάτη τους.

Τα μαλλιά της Νιμ μαστίγωναν το πρόσωπό της σαν βρεγμένα σκοινιά και με κάθε αναπνοή της κατάπινε μπόλικο αλμυρό νερό, αλλά κόλλησε στη Σέλκι όσο πιο σφικτά μπορούσε.

Ήρθε και το έβδομο κύμα, ένα κύμα ικανό να πνίξει τα πάντα, να τα ανατρέψει όλα. Ήταν δυνατότερο από τη Σέλκι και την έσπρωξε βαθιά κάτω από το νερό. Ήταν δυνατότερο από τη Νιμ, άρπαξε τα χέρια της μακριά από τη Σέλκι, την ακινητοποίησε, την έσπρωξε βαθιά, εκεί όπου δεν υπήρχε τίποτε άλλο εκτός από ένα γαλάζιο στρόβιλο. Εκεί όπου δεν ήξερε ποιος δρόμος οδηγούσε προς τα πάνω στον αέρα και ποιος προς τα κάτω, στο βυθό.

Η Νιμ στριφογύριζε... πάλευε... πνιγόταν... αλλά η Σέλκι έκανε μια τούμπα προς τα κάτω κι άρχισε να τη σπρώχνει ψηλά, ώσπου άρχισε να φτύνει νερό από το στόμα της... να βήχει... να αναπνέει ξανά.

Κι ύστερα τα κύματα έπαψαν να είναι τόσο άγρια, μπορούσαν να τα καβαλικεύουν, να γλιστράνε πάνω τους, χωρίς να χώνονται στο νερό. Όταν βρίσκονταν στην επιφάνεια, έβλεπαν μόνο μπλε, αλλά όταν βρίσκονταν στην κορυφή των κυμάτων, μπορούσαν να κοιτάξουν τριγύρω. Είδαν την Κίκα και το Φρεντ, αλλά όχι την Άλεξ.

Συνέχισαν να ψάχνουν. Έψαχναν, έψαχναν, ξανά και ξανά.

Η Σέλκι κουράστηκε να πηδάει τα κύματα κι έκανε τάχα πως διασκέδαζε. Αλλά όταν η Νιμ προσπάθησε να τη βοηθήσει και να κολυμπήσει μόνη της, η Σέλκι έκρωξε ένα θυμωμένο «ΟΧΙ!» κι έτσι η Νιμ υποχώρησε. Έτσι κι αλλιώς δεν ήξερε αν μπορούσε να κολυμπήσει σε αυτά τα κύματα.

Άρχισε να ανησυχεί. Τι θα έκανε αν δεν έβρισκε την Άλεξ;

Άρχισε να ανησυχεί για το ύψος των κυμάτων. Πού βρισκόταν ο Τζακ; Πόσο μακριά τον είχαν στείλει;

Άρχισε να ανησυχεί για την Κίκα και το Φρεντ.

Άρχισε να ανησυχεί για το πώς θα καταλάβαινε πότε έπρεπε να γυρίσει πίσω. Κι αυτή ήταν η πιο μεγάλη ανησυχία της. Γιατί ήταν η μοναδική ανησυχία της για την οποία μπορούσε να κάνει κάτι.

Ανησυχούσε τόσο πολύ που παραλίγο να πέσει όταν η Σέλκι ξαναγρύλισε.

Ξαφνικά η Σέλκι σταμάτησε να νιώθει κουρασμένη και η Νιμ να ανησυχεί. Φύσηξε τη σφυρίχτρα της όσο πιο δυνατά μπορούσε κι άρχισαν να διασχίζουν τα κύματα προς τη μικρή βυθισμένη βάρκα.

Το νερό έφτανε ως τη μέση της Άλεξ, μετά ως το στήθος της και μετά ως το λαιμό της. Έβγαζε νερό από το στόμα της, χωνόταν κάτω από το νερό, αγωνιζόταν ακόμα να λύσει τους κόμπους.

Προσπαθούσε να σκεφτεί τι θα έκανε σε μια αντίστοιχη περίπτωση ο ήρωάς της. Αλλά το μόνο που κατάφερνε να φανταστεί ήταν πως ο ήρωας θα γνώριζε ήδη πώς να λύσει τους κόμπους κι αυτό τελικά δεν τη βοηθούσε καθόλου. Πήρε μια βαθιά ανάσα κι αναρωτήθηκε αν αυτή ήταν η τελευταία φορά που γευόταν τον αέρα.

Ακούστηκε ο διαπεραστικός ήχος μιας σφυρίχτρας και εμφανίστηκε το πιο παράξενο, το πιο όμορφο πράγμα που είχε δει ποτέ: ένα κορίτσι με ανακατωμένα μαλλιά που φυσούσε ένα κοχύλι, καβάλα σε ένα θαλάσσιο λιοντάρι στα κύματα.

— Νι... φώναξε και μετά το στόμα της βρέθηκε κάτω από το νερό.

Η Νιμ θυμήθηκε τη σκηνή στην *Τρέλα του Βουνού*, τότε που ο ήρωας είχε περασμένο στη μέση του ένα σκοινί και προσπαθούσε να κατηφορίσει έναν απότομο λόφο. Έβγαλε το μαχαίρι από τη θήκη του και τη στιγμή που η Σέλκι βυθιζόταν, έκοψε το σκοινί.

Η Άλεξ τινάχτηκε απότομα στην επιφάνεια.

— Είσαι η Νιμ Ρούσο, έτσι δεν είναι;

Η βάρκα γουργούρισε αγενέστατα και βυθίστηκε.

Η Άλεξ και η Νιμ κοιτάχτηκαν κι άρχισαν να χαχανίζουν, να πνίγονται από τα γέλια και το θαλασσινό νερό. Η Σέλκι αναγκάστηκε να γρυλίσει δύο φορές για να τους υπενθυμίσει πως το να προσπαθούν να επιπλέουν στο νερό με το ένα χέρι και να στηρίζονται σε κείνη με το άλλο, μες τη μέση του ανταριασμένου ωκεανού, δεν είναι και η πιο κατάλληλη στιγμή για να χαχανίζουν. Αλλά όταν η Άλεξ άκουσε τη Σέλκι να σκούζει, είπε:

— Ώστε δεν είσαι σκυλί του Αγίου Βερνάρδου! Σώζεις ανθρώπους όμως! κι έβαλαν και πάλι τα γέλια.

Ύστερα γύρισαν κι άρχισαν να κατευθύνονται προς το νησί.

Τώρα που δεν προχωρούσαν ενάντια στα κύματα ήταν πιο εύκολο. Μόνο που τα κύματα έσκαγαν στα Μαύρα Βράχια και δεν τους άρεσε καθόλου αυτό. Έτσι αποφάσισαν να στρίψουν στον ύφαλο και να βγουν στην ήρεμη παραλία της Αμμουδιάς των Κοχυλιών.

Αλλά η Σέλκι δεν μπορούσε να κουβαλήσει και τις δύο.

— Μια θα κολυμπάμε, μια θα καβαλικεύουμε τη Σέλκι εναλλάξ, πρότεινε η Νιμ.

Αλλά παρόλο που πήγαιναν πρίμα στα κύματα, η Νιμ δεν μπορούσε να κολυμπήσει τόσο γρήγορα όσο η Σέλκι. Η Σέλκι πάλι αναγκαζόταν να γυρίζει το κεφάλι της, ενώ η Άλεξ δεν ήταν καθόλου καλή στο καβαλίκεμα. Έτσι, κάθε φορά που η Σέλκι γύριζε, η Άλεξ γλιστρούσε στη θάλασσα.

— Καλύτερα να είχα μάθει κολύμπι παρά να γράφω ιστορίες για ψάρια! μουρμούρισε η Άλεξ κι η Νιμ άρχισε και πάλι να ανησυχεί.

Ήταν κι εκείνη πολύ κουρασμένη κι έτσι, την επόμενη φορά που η Σέλκι γύρισε να την κοιτάξει και η Άλεξ γλίστρησε, πιάστηκαν και οι δύο μαζί με το ένα τους χέρι από τη φώκια κι άρχισαν να κολυμπούν με το άλλο. Το νησί όμως δε φαινόταν να πλησιάζει.

Ξαφνικά κάτι γαργάλησε τη μασχάλη της Νιμ. Ήταν ένα γλυκό, αγκαθωτό χέρι ενός χαμογελαστού δράκου.

— Φρεντ! φώναξε.

Η Άλεξ δεν είχε ξαναδεί ποτέ κάτι τόσο

άσχημο και συνάμα τόσο όμορφο, όσο ένα ιγκουάνα της θάλασσας.

— Συγγνώμη που νόμιζα ότι ήσουν κανίς, απολογήθηκε η Άλεξ.

Ακολουθούσαν το Φρενι λες και ακολουθούσαν ένα μεγάλο σάκο με κάτι άλλο από πίσω του. Κι αυτό το κάτι άλλο άρχισε να μοιάζει με μια αυτάρεσκη, πράσινη χελώνα.

Η Κίκα είχε ανακαλύψει μία από τις καρυδοσχεδίες.

Ερχόταν σταθερά προς το μέρος τους. Έσπρωχνε τη σχεδία, εξαφανιζόταν καθώς τα κύματα την κουκούλωναν και εμφανιζόταν και πάλι στην επιφάνεια.

Τίποτα δεν μπορούσε να την ταράξει.

Η Σέλκι συνέχιζε να σπρώχνει την Άλεξ και τη Νιμ προς το νησί. Η Κίκα συνέχιζε να έρχεται προς το μέρος τους... και τελικά συναντήθηκαν. Η Άλεξ άφησε τη Σέλκι και σκαρφάλωσε στην καρυδοσχεδία. Ξάπλωσε κι άρχισε να κλοτσάει τα πόδια της, αλλά το να κλοτσάει την Κίκα στο κεφάλι δεν ήταν κι ο καλύτερος τρόπος για να την ευχαριστήσει. Έτσι απομακρύνθηκε κι άρχισε να κάνει κουπί με τα χέρια της. Δε βοηθούσε τη σχεδία να πάει πιο γρήγορα, αλλά ένιωσε καλά, γιατί τουλάχιστον έκανε κάτι.

Η Νιμ καβαλίκεψε τη Σέλκι κι ο Φρεντ σκαρφάλωσε στους ώμους της.

Λίγα λεπτά αργότερα σωριάστηκαν στην Αμμουδιά των Κοχυλιών, πιο κάτω από εκεί όπου ήταν η θέση της καλύβας.

15

Η ΚΑΛΥΒΑ ΕΙΧΕ εξαφανιστεί και η Νιμ ήταν πολύ κουρασμένη για να αρχίσει να ψάχνει τι είχε απομείνει.

Τα τελευταία σύννεφα της θύελλας εξαφανίστηκαν από τον ουρανό κι ο ήλιος βυθίστηκε χρυσαφένιος στον ορίζοντα. Η Νιμ και η Άλεξ ήταν ακόμα ξαπλωμένες στην παραλία και μιλούσαν.

Η Σέλκι γλίστρησε πάλι στη θάλασσα να ψαρέψει το φαγητό της κι ο Φρεντ ανακάλυψε μερικά φύκια που είχαν αφήσει στην παραλία τα άγρια κύματα.

Η Κίκα τους παρακολουθούσε όλους αρκετή ώρα και μετά σύρθηκε στα κύματα.

Η Νιμ την αγκάλιασε τόσο σφιχτά, όσο μπορείς να αγκαλιάσεις μια μεγάλη, πράσινη, θαλάσσια χελώνα.

— Αντίο, μέχρι του χρόνου!

— Σ' ευχαριστώ που μου έσωσες τη ζωή, είπε η Άλεξ και φίλησε την κορυφή του ρυτιδιασμένου κεφαλιού της Κίκα.

Η Κίκα την κοίταξε κι ανοιγόκλεισε τα μάτια της. Ήταν πάντοτε δύσκολο να ξέρεις τι σκεφτόταν.

— Πρέπει να πάμε στη Σπηλιά Εκτάκτου Ανάγκης προτού δύσει ο ήλιος, δήλωσε η Νιμ. Ήταν σχεδόν σίγουρη πως η Άλεξ δε θα μπορούσε να σκαρφαλώσει εύκολα στο σκοτάδι. Και θα φάμε και μια κονσέρβα εκτάκτου ανάγκης! συνέχισε.

— Και μια καρύδα από τη σχεδία! συμπλήρωσε γελώντας η Άλεξ.

— Αναρωτιέμαι πού να βρίσκεται η δεύτερη σχεδία, είπε η Νιμ, αλλά αυτό που αναρωτιόταν περισσότερο ήταν το πού βρισκόταν ο μπαμπάς της.

Όταν η θάλασσα τρελάθηκε, άρπαξε και την άλλη σχεδία από το Λιμανάκι της Κλειδαρότρυπας. Η σχεδία άρχισε να χοροπηδάει στα νερά του υφάλου και μετά την έπιασαν τα τεράστια κύματα και την παρέσυραν ανατολικά.

Για να την αρπάξει με τη σειρά του ένας εξαντλημένος άντρας με μια ουλή στο μέτωπο και μια γενειάδα δύο εβδομάδων.

Η Άλεξ δεν ήταν καθόλου καλή στο σκαρφάλωμα, όπως ακριβώς είχε υποθέσει η Νιμ. Αλλά ξετρελάθηκε με τη σπηλιά.

— Ίδια με του Αλή Μπαμπά! φώναξε.

— Κι είχα καθαρίσει τόσο καλά την καλύβα! είπε στενοχωρημένη η Νιμ. Μέχρι και στρώμα σού είχα φτιάξει!

Η Άλεξ την αγκάλιασε. Το αγκάλιασμά της δεν έμοιαζε με το αγκάλιασμα του Τζακ. Δεν ήταν σαν να σφιγγόταν πάνω στη Σέλκι. Αλλά την έκανε να νιώσει πως η ζωή της θα μπορούσε να γίνει και πάλι όμορφη.

Όταν η Νιμ ξύπνησε, η Άλεξ καθόταν στην είσοδο της σπηλιάς και χάζευε την ανατολή του ήλιου πάνω στο Βουνό της Φωτιάς.

— Κοίταξε τη θάλασσα! είπε η Άλεξ.

Τα κύματα κυλούσαν απαλά, πεντακάθαρα και γαλάζια. Τα πουλιά πετούσαν ψηλά κι εφορμούσαν στο νερό, τεντώνονταν και ψάρευαν. Τα ιγκουάνα και οι σαύρες σκαρφάλωναν εδώ κι εκεί. Τα θαλάσσια λιοντάρια λιάζονταν κι ο αρχηγός του κοπαδιού έβγαζε κραυγές που αντηχούσαν στα κύματα.

Η Σέλκι τους καλημέρισε με τον τρόπο της. Αλλά όταν η Νιμ την αγκάλιασε κι έτριψαν τις μύτες τους, γλίστρησε στα βράχια κι ένα λεπτό αργότερα το καστανό της κεφάλι εμφανίστηκε μέσα από το νερό στη Θέση του Θαλάσσιου Λιονταριού, δίπλα στο κεφάλι του αρχηγού.

Ο Φρεντ άρχισε να ψάχνει φύκια στις λιμνούλες της παλίρροιας. Ακόμα δεν εμπιστευόταν απόλυτα τον ανοιχτό ωκεανό.

Η Νιμ κι η Άλεξ έφαγαν μια καρύδα και ρυζόγαλο εκτάκτου ανάγκης για πρωινό και τοποθέτησαν τη δορυφορική κεραία και τον ηλιακό συλλέκτη σε έναν επίπεδο βράχο πάνω από τη σπηλιά. Συνέδεσαν το φακό, το κομπιούτερ και το τηλέφωνο με το φορτιστή και ξεκίνησαν την εξερεύνησή τους.

Επισκέφτηκαν την Αμμουδιά της Θαλάσσιας Χελώνας, τη Θέση του Θαλάσσιου Λιονταριού, τις Σφυριχτές Πέτρες και το Λιμανάκι της Κλειδαρότρυπας.

— Απ' όπου ξεκίνησαν όλα! είπε η Άλεξ.

— Γιατί αν δεν είχα κάνει το πείραμα...

— ...δε θα μπορούσα να ξαναγράψω ποτέ στη ζωή μου...

— ...και δε θα ήσουν τώρα εδώ!

Πόσο απίστευτα τους φαίνονταν όλα.

Συνέχισαν την εξερεύνηση. Το πανέμορφο νησί της Νιμ έδειχνε κουρελιασμένο κι ανακατωμένο. Κομματάκια της καλύβας, σκισμένα μπλουζάκια και σπασμένα γραφεία, καρύδες, κλαδιά φοινικιάς, κομμένα δέντρα και στραπατσαρισμένοι θάμνοι.

— Σαν να θύμωσε κάποιος γίγαντας! φώναξε η Άλεξ.

Ο λαχανόκηπος βρισκόταν σε χειρότερη κατάσταση. Λες και η Σέλκι είχε προσκαλέσει ολόκληρη την οικογένειά της να κάνουν πάρτι. Τα μπιζέλια είχαν πολτοποιηθεί, τα αβοκάντο είχαν γίνει χυλός και οι ντομάτες σούπα. Μερικά φυτά είχαν τόσο λίγα φύλλα, που καλά καλά δεν μπορούσες να καταλάβεις τι είδους ήταν.

Την παράγκα του κήπου, με τις μπανάνες αγκιστρωμένες ακόμα, την είχε πάρει ο αέρας και την είχε ρίξει στο αλσύλλιο με τα μπαμπού.

Η Νιμ κι η Άλεξ μάζεψαν τρεις πράσινους ανανάδες, λίγες λιωμένες φράουλες και διασκορπισμένα μπιζέλια. Έβγαλαν σπασμένα κομμάτια από τη λιμνούλα κι από το σωρό της κοπριάς κι έσωσαν δύο αβοκάντο, μια ντομάτα και άλλες δέκα φραουλιές.

— Θα σώσουμε και τις γλυκοπατάτες άμα τις σκάψουμε, πρότεινε η Νιμ.

Πέταξαν όλα τα σπασμένα φυτά από το λαχανόκηπο και στήριξαν τα ζωντανά. Όταν ζεστάθηκαν, η Νιμ δίδαξε την Άλεξ πώς να γλιστράει από τον καταρράκτη στη λιμνούλα κι η Άλεξ της διηγήθηκε ιστορίες, μέχρι που ήταν έτοιμες να δουλέψουν και πάλι.

Εκείνη τη νύχτα, όταν προσπαθούσαν να κοιμηθούν στο σκληρό πάτωμα της σπηλιάς, της διηγήθηκε κι άλλες ιστορίες.

Οι ιστορίες ήταν αστείες κι έκαναν τη Νιμ να γελάει. Ήταν συναρπαστικές κι αισθανόταν να της κόβεται η αναπνοή, αλλά και κάτι άλλο που την έκανε να νιώθει ήρεμη, χαλαρή, μια χαρούμενη, μια θλιμμένη. Την έκαναν να θέλει να αγκαλιάσει τη Σέλκι. Μόνο που η Σέλκι είχε αποφασίσει πως της ήταν πολύ δύσκολο να ανεβεί ως τη σπηλιά, γι' αυτό κι εκείνη τη νύχτα κοιμόταν παρέα με το κοπάδι της.

Την επόμενη μέρα άρχισαν να καθαρίζουν τα λιβάδια και τις παραλίες, να μαζεύουν ξερόκλαδα για φωτιές, καρύδες για να φάνε και να τακτοποιούν οτιδήποτε προερχόταν από την καλύβα και μπορούσε να χρησιμοποιηθεί για να την ξαναχτίσουν.

Όλη την ώρα που σήκωναν, μετέφεραν και ταξινομούσαν, η Νιμ ανησυχούσε για το πότε θα γύριζε σπίτι ο Τζακ και για το πότε θα έφευγε η Άλεξ. Μισούσε τις ιστορίες που της έλεγε η Άλεξ για το σπίτι της στην πόλη, γιατί της άρεσε να προσποιείται πως η Άλεξ θα έμενε στο νησί για πάντα.

Πήραν ένα διαφορετικό μονοπάτι για το λαχανόκηπο και βρήκαν το αγαπημένο μπλε, γυάλινο μπουκάλι της Νιμ, τη χτένα της, ένα γερό κομμάτι σκοινί κάτω από μια ψόφια τσούχτρα και το καροτσάκι της, κρεμασμένο σε ένα κλαδί στην κορυφή ενός δέντρου.

Η Νιμ δε δυσκολεύτηκε να ανεβεί στο δέντρο, αλλά έπρεπε να τεντωθεί αρκετά για να το πιάσει από το τελευταίο ασφαλές κλαδί όπου πατούσε. Το καροτσάκι έπεσε στο χώμα. Το ίδιο κι εκείνη.

Το γόνατό της γδάρθηκε και η πληγή άρχισε και πάλι να αιμορραγεί. Η Νιμ δεν έβαλε τα κλάματα. Τα έβαλε όμως η Άλεξ.

— Είχα πάρει μαζί μου επιδέσμους, κρέμα... ένα ολόκληρο κουτί πρώτων βοηθειών για σένα! είπε ανάμεσα στους λυγμούς της.

Αλλά βοήθησε τη Νιμ να καθαρίσει την άμμο με φρέσκο χυμό καρύδας και μετά ο Φρεντ τους έδωσε να καταλάβουν πως όφειλαν να φάνε την καρύδα τώρα που την άνοιξαν, κι έτσι την έφαγαν για μεσημεριανό, μαζί με μπανάνες. Και μια και βρίσκονταν στη λιμνούλα και είχαν και χτένα, λούστηκαν και χτένισαν μπερδεμένα μαλλιά δύο ημερών, κάτι που τις πονούσε περισσότερο από το γδαρμένο γόνατο.

Η Άλεξ φαινόταν τόσο όμορφη την ώρα που προσπαθούσε να ξεμπερδέψει τα μακριά, χρυσαφένια της μαλλιά, αλλά ήταν ακόμα τόσο στενοχωρημένη για το γόνατο της Νιμ.

— Περίμενε εδώ! τη διέταξε η Νιμ και μετά έτρεξε ως τη σπηλιά και γύρισε πίσω, χωρίς να γυρίσει να κοιτάξει προς τη θάλασσα.

— Κλείσε τα μάτια σου! της είπε μετά και της έδωσε να κρατήσει το μαργαριτάρι της καρύδας. Θα σου το χάριζα άμα αποφάσιζες να φύγεις από το νησί, αλλά μου φαίνεται πως το χρειάζεσαι τώρα.

— Αχ, Νιμ! είπε η Άλεξ. Δεν μπορώ να το δεχτώ!

— Το είχα βάλει μπροστά από τη φωτογραφία της μαμάς μου, χαμογέλασε η Νιμ. Αλλά μια φωτογραφία δεν μπορεί να δει. Έτσι θα ήθελα να το πάρεις εσύ.

Η Άλεξ ξαναβούρκωσε.

— Αν είχα μια κόρη, είπε, όταν κατάφερε και πάλι να μιλήσει, θα ήθελα να ήταν ίδια με σένα.

Ξαφνικά τα θαλάσσια λιοντάρια άρχισαν να βγάζουν τόσο διαπεραστικές κραυγές καλύπτοντας κάθε άλλο θόρυβο. Η Νιμ κατηφόρισε το λόφο, καθώς η Σέλκι οδηγούσε ολόκληρο το κοπάδι στο νερό, που πλατσούριζε και έσκουζε σε ένα αντικείμενο με παράξενο σχήμα το οποίο περνούσε τον ύφαλο.

Ο Τζακ κατέβηκε τρικλίζοντας από το σάκο με τις καρύδες και προχώρησε με κόπο στην άμμο.

Τότε εκείνος κι η Νιμ ούρλιαξαν μαζί: «Τι έγινε; Είσαι καλά;» γελώντας, αγκαλιάζοντας ο ένας τον άλλο, χορεύοντας. Μόλις όμως ο Τζακ παρατήρησε το μέρος όπου βρισκόταν η καλύβα τους, χλώμιασε.

— Το επιστημονικό σου υλικό είναι μια χαρά, έσπευσε να τον ενημερώσει η Νιμ, αλλά ο μπαμπάς της δεν έδειχνε να νοιάζεται για το υλικό, όσο τουλάχιστον πίστευε εκείνη.

— Ποτέ δεν πρόκειται να σε αφήσω ξανά μόνη σου και... είπε και μετά σταμάτησε, γιατί δεν μπορούσε να μιλήσει άλλο.

Η Άλεξ κατέβαινε τρέχοντας το λόφο.

— Θέλω να σου πω κάτι, ετοιμάστηκε να τον πληροφορήσει η Νιμ για την άφιξη της Άλεξ.

16

Η ΑΛΕΞ ήξερε πως δεν ήταν δίκαιο, αλλά μισούσε τον Τζακ. Ήξερε πως δεν ήθελε να αφήσει μόνη της για τόσο καιρό τη Νιμ, αλλά το έκανε. Ήξερε πως δεν ήθελε να νιώθει η κόρη του μόνη, ανήσυχη και τρομαγμένη, αλλά το είχε νιώσει.

Την περασμένη και την προπερασμένη νύχτα είχε μείνει ξάγρυπνη για καμιά ώρα, γιατί σκεφτόταν τι θα του έλεγε όταν τον έβλεπε.

Και τώρα αυτός ο μοναχικός, εξαντλημένος άντρας που παραπατούσε ακόμα, φαινόταν τσακισμένος. Έμοιαζε με τον ήρωά της έπειτα από κάποια μεγάλη πάλη του με τους κακούς. Καθόταν και κοιτούσε την κόρη του και τότε η Άλεξ κατάλαβε πως δεν είχε τίποτα να του πει, τίποτα πιο άσχημο απ' ό,τι έλεγε ο ίδιος στον εαυτό του.

Κι όταν το πρόσωπό του άρχισε να ηρεμεί λιγάκι, έμοιαζε πολύ στη Νιμ για να συνεχίσει να τον μισεί.

— Ποια είσαι; ρώτησε τελικά. Με ποιο τρόπο ήρθες εδώ;

— Είναι μεγάλη ιστορία, απάντησε η Νιμ. Πες μας όμως πρώτα εσύ... Η θύελλα σε χτύπησε;

— Κάπως λιγότερο απ' ό,τι χτύπησε το νησί, απάντησε ο Τζακ κοιτάζοντας τα πεσμένα, τσακισμένα δέντρα, αλλά τόσο γρήγορα που δεν πρόλαβα να φορέσω το σωσίβιό μου, ούτε να δεθώ με το σκοινί και τόσο δυνατά που με πέταξε στη θάλασσα. Το πλοίο απομακρύνθηκε γρήγορα από κοντά μου και δεν έβλεπα πουθενά στεριά... αλλά ξαφνικά, μέσα στη θαλασσοταραχή, είδα μπροστά μου μια καρυδοσχεδία! Γιατί γελάτε;

Η Νιμ και η Άλεξ δεν μπορούσαν να απαντήσουν. Γελούσαν τόσο δυνατά που έπεσαν στην άμμο κι άρχισαν να στριφογυρίζουν σαν μικρά θαλάσσια λιοντάρια.

— Αυτό είναι το μυθιστόρημα της Άλεξ!

είπε η Νιμ, όταν κατάφερε να πάρει μια ανάσα και μετά έβαλε και πάλι τα γέλια.

Όλη την υπόλοιπη εβδομάδα δούλεψαν παρέα κι οι τρεις τους. Καθάρισαν το νησί, ψάρεψαν, μάζεψαν μύδια, καρύδες και έσωσαν το λαχανόκηπο. Κάθε νύχτα άναβαν μια φωτιά με σπασμένα κλαδιά, συνέχιζαν να καθαρίζουν τη μέρα, ενώ τη νύχτα η Άλεξ τους διηγούνταν ιστορίες.

Η Νιμ άκουγε με μεγάλη προσοχή για να τις θυμάται για πάντα, αφού η Άλεξ θα άφηνε το νησί κάποια στιγμή, και προσπαθούσε να μη σκέφτεται το πότε θα έφευγε.

Αλλά δεν ήταν η Άλεξ αυτή που μίλησε πρώτη για την αναχώρησή της.

— Πότε θα χτίσουμε μια καινούρια καλύβα; ρώτησε μια μέρα η Νιμ, όταν το νησί άρχισε να μοιάζει και πάλι σαν το σπίτι της, αν και με λιγότερα δέντρα.

— Μπορεί και να μη χτίσουμε, απάντησε ο Τζακ. Πρέπει να σταματήσω να είμαι τόσο εγωιστής. Ίσως πρέπει να γυρίσουμε πίσω στον πολιτισμό, για να έχουμε μια κανονική ζωή.

— *Αυτή* είναι η κανονική μου ζωή, φώναξε η Νιμ. Είναι η ζωή που θέλω!

Κατηφόρισε το λόφο κι έτρεξε προς τη Σέλκι, που παράτησε τον αρχηγό και κουλουριάστηκε τρυφερά γύρω της. Ο Φρεντ βολεύτηκε γύρω από τους ώμους της.

Η Άλεξ κι ο Τζακ άρχισαν να περπατούν προς την άλλη κατεύθυνση κι έστριψαν προς την Αμμουδιά της Θαλάσσιας Χελώνας.

— Μιλάνε για το τι πρόκειται να συμβεί, είπε η Νιμ στους φίλους της. Αλλά αν αποφασίσει ο Τζακ να εγκαταλείψουμε το νησί, εγώ θα το σκάσω και θα έρθω να ζήσω εδώ κοντά σας, όπως και πριν!

Δεν μπορούσε να ευχηθεί για το αντίθετο, γιατί ήταν κάτι απίστευτο για να το ελπίζει.

Το πρωινό έδωσε τη θέση του στο μεσημέρι, τα βράχια ζεστάθηκαν, η Σέλκι, η Νιμ κι ο Φρεντ πήγαν να κολυμπήσουν, σκαρφάλωσαν στα βράχια για να στεγνώσουν και μετά κολύμπησαν και πάλι. Η Άλεξ κι ο Τζακ δεν είχαν γυρίσει ακόμα. Η Νιμ πεινούσε, αλλά ο κόμπος στο στομάχι της δεν την άφηνε να σκεφτεί το φαγητό.

Ο αρχηγός του κοπαδιού έβγαλε μια κραυγή καλώντας τη Σέλκι. Η Σέλκι για μια στιγμή φάνηκε να λυπάται και μετά φάνηκε να μην ξέρει τι να κάνει.

— Μπορείς να φύγεις, την παρότρυνε η Νιμ. Είμαι μια χαρά.

Η θαλάσσια λιονταρίνα κόλλησε πάνω της για λίγο, αλλά όταν ξανάκουσε το κάλεσμα του αρχηγού, γλίστρησε από το βράχο στη θάλασσα.

Ο Φρεντ το έβαλε στα πόδια για να βρει μερικά φύκια.

Η Άλεξ κι ο Τζακ εμφανίστηκαν από την άκρη της παραλίας κι άρχισαν να περπατάνε στα ρηχά προς τη Νιμ.

Χαμογελούσαν.

Από: jack.rusoe@explorer.net
Προς: delia.defoe@papyrus.publishing.com
Αποστολή: Τετάρτη 21 Απριλίου, 15:00

Αγαπητή Ντέλια,

Θα ήθελα μια μικρή χάρη.

Εντάξει, δεν είναι και τόσο μικρή, τεράστια θα την έλεγα. Αλλά αν σου πω ολόκληρη την ιστορία και το λόγο για τον οποίο σου γράφω από μια δανεική διεύθυνση στο Διαδίκτυο (σε ένα δανεικό κομπιούτερ, φορώντας ένα φουστάνι φτιαγμένο από φύλλα μπανανιάς), θα καταλάβεις απόλυτα γιατί σου τη ζητώ αυτή τη χάρη, αλλά θα έχεις και στα χέρια σου το καινούριο μου μυθιστόρημα. Ένα μυθιστόρημα που είμαι σίγουρη πως θα σε ξετρελάνει.

Μπορείς, σε παρακαλώ, να πας στο διαμέρισμά μου και να μαζέψεις όλα μου τα ρούχα, τα βιβλία, τα χαρτιά κι οτιδήποτε άλλο πιστεύεις πως θα μου χρειαστεί σε ένα μικρό, τροπικό νησί;

Σου επισυνάπτω και έναν κατάλογο για ψώνια. Θα χρειαστεί να βρεις ένα κατάστημα με είδη κηπουρικής κι ένα κατάστημα με είδη κιγκαλερίας, έναν προμηθευτή ναυτικών ειδών, ένα πολυκατάστημα κι ένα σούπερ μάρκετ.

Το δεύτερο συνημμένο αρχείο που σου στέλνω είναι ένας χάρτης. Σε παρακαλώ να στείλεις τα δέματα με ένα τροφοδοτικό πλοίο, ή να τα πετάξουν με αλεξίπτωτο, ή αλλιώς να τα φέρουν με ελικόπτερο. Ό,τι σου είναι πιο εύκολο. Τα έξοδα για όλα αυτά που θα μου στείλεις μπορείς να τα κρατήσεις από τα χρήματα που θα μου πληρώσεις γι' αυτό το καινούριο μου μυθιστόρημα.

Δική σου,
Άλεξ

Διαβάστε
επίσης...

ΤΖΑΚΛΙΝ ΟΥΙΛΣΟΝ

ΝΤΑΝΤΑ ΓΙΑ ΜΑΜΑΔΕΣ

Μετάφραση: Ρένια Τουρκολιά-Κυδωνιέως

Είμαι η Σάντι και είμαι εννέα χρόνων. Η μαμά μου είναι νταντά. Εμένα όμως δε χρειάζεται να με νταντεύει. Εγώ τα καταφέρνω μόνη μου — εύκολο, πανεύκολο, απλό και παναπλό. Ευτυχώς για τη μαμά μου, γιατί τώρα που έχει γρίπη θα φροντίζω και εκείνη και όλα τα μωρά που φρόντιζε!

Αφού τα βγάζω πέρα με τη μικρή μου αδελφούλα, τα άλλα είναι παιχνιδάκι. Μερικές φορές η Τζέμα είναι αρκετά λογικό παιδί, ο Βίνσεντ θέλει να του ρίχνεις πότε πότε μια ματιά —άντε δύο, με τα μάτια που πρέπει να έχεις στο πίσω μέρος του κεφαλιού σου ειδικά γι' αυτόν— ε, και το μωρό ο Κλάιβ δεν ουρλιάζει δα όλη την ώρα!

Μια ξεκαρδιστική ιστορία για ένα κορίτσι που ανέλαβε να νταντέψει τη... μαμά της!

ΛΩΤΟΣ
από 4 ετών

ΦΙΛΙΠ ΠΟΥΛΜΑΝ

ΤΟ ΣΚΙΑΧΤΡΟ ΚΑΙ Ο ΥΠΗΡΕΤΗΣ ΤΟΥ

Μετάφραση: Άννα Κοντολέων

Μια νύχτα ξέσπασε καταιγίδα. Ένα κουρελιασμένο σκιάχτρο έστεκε μέσα στον άνεμο και στη βροχή, δίχως να αντιλαμβάνεται τίποτα. Μέχρι που ένας κεραυνός χτύπησε τη γογγυλοκεφαλή του. Το Σκιάχτρο ανοιγόκλεισε τα μάτια του έκπληκτο και κοίταξε ολόγυρά του...

Έτσι αρχίζει η ιστορία του ευγενικού αλλά μπουμπουνοκέφαλου Σκιάχτρου, που μαζί με τον υπηρέτη του, τον Τζακ, βάζει μπρος για ένα ταξίδι γεμάτο τρομακτικούς κινδύνους και... απίστευτες κουταμάρες.

Ένας από τους πιο αριστοτέχνες σύγχρονους παραμυθάδες μάς χαρίζει ακόμη μια αστεία, απολαυστική ιστορία!

FAN CLUB

των Εκδόσεων ΨΥΧΟΓΙΟΣ

Αγαπητή αναγνώστρια, αγαπητέ αναγνώστη,
Γίνε κι εσύ μέλος του Fan Club των Εκδόσεων ΨΥΧΟΓΙΟΣ εντελώς ΔΩΡΕΑΝ.
Φωτοτύπησε τη σελίδα, συμπλήρωσε τα στοιχεία σου και στείλε τα στο **fax: 210 28 19 550**, ή ταχυδρόμησέ τα στη διεύθυνση:
Τατοΐου 121, 144 52 Μεταμόρφωση Αττικής,
ή στείλε μας e-mail στη διεύθυνση: **info@psichogios.gr**
Μόλις γίνεις μέλος του Fan Club, θα σου στείλουμε σε εύλογο χρονικό διάστημα την κάρτα μέλους, έντυπα με αποσπάσματα βιβλίων, την εφημερίδα και το newsletter μας, σελιδοδείκτες, προσκλήσεις για εκδηλώσεις και καταλόγους μας, και θα σε ενημερώνουμε για οτιδήποτε αφορά τους αγαπημένους σου ήρωες και τους αναγνώστες των Εκδόσεων ΨΥΧΟΓΙΟΣ. Μπορείς να διαγραφείς από το Fan Club των Εκδόσεων ΨΥΧΟΓΙΟΣ ανά πάσα στιγμή μ' ένα τηλεφώνημα χωρίς χρέωση στο **80011 646464.**

Επώνυμο ______ Όνομα ______

Ημ/νία γέννησης __/__/__ Οδός ______ Αριθμός ______

Πόλη, περιοχή ______ Τ.Κ. ______

Τηλέφωνο ______ Κινητό τηλέφωνο ______ e-mail ______

Με ενδιαφέρουν ιδιαίτερα οι ήρωες:

- ❑ Χάρι Πότερ
- ❑ Ματίλντα & ΜΦΓ
- ❑ Βασούλα Μαγισσούλα
- ❑ Σάλι Λόκχαρτ
- ❑ Έντι Ντίκενς
- ❑ Τζέιμς Μποντ
- ❑ Λύρα & Γουίλ
- ❑ Τσάρλι
- ❑ Καρυδάκης & Ζαχαρούλα
- ❑ Μόλι Μουν
- ❑ Άλεξ Ράιντερ
- ❑ Ιγνάτιος Παππάς
- ❑ Αρτέμης Φάουλ
- ❑ Πίπη Φακιδομύτη
- ❑ Λάουρα
- ❑ Άπαιχτοι Μπαλαδόροι
- ❑ Έμιλι
- ❑ ....

Στοιχεία κηδεμόνα:

Επώνυμο ______ Όνομα ______

Ημ/νία γέννησης __/__/__ Τηλέφωνο ______

Ως κηδεμόνας του ανωτέρω ανήλικου αναγνώστη, δίνω την έγκρισή μου να λαμβάνει ενημέρωση από τις Εκδόσεις ΨΥΧΟΓΙΟΣ για παιδικές-νεανικές εκδόσεις κι εκδηλώσεις.

Ημερομηνία __/__/__ Υπογραφή κηδεμόνα ______

ΔΙΑΓΩΝΙΣΜΟΣ ΒΙΒΛΙΟΦΙΛΙΑΣ

των Εκδόσεων ΨΥΧΟΓΙΟΣ

Κερδίζουν όλοι όσοι συμμετέχουν!

Μήπως είστε φανατικοί αναγνώστες των βιβλίων μας;
Μήπως θα θέλατε να σας χαρίσουμε κάποια μυθιστορήματα της επιλογής σας;

Το μόνο που έχετε να κάνετε είναι το εξής: αγοράζοντας από οποιοδήποτε βιβλιοπωλείο που συνεργάζεται με τις Εκδόσεις ΨΥΧΟΓΙΟΣ ένα βιβλίο των Εκδόσεών μας κυκλώστε πάνω στην απόδειξη την τιμή του και σημειώστε από πίσω το ISBN του βιβλίου που μόλις αγοράσατε (θα το βρείτε στο οπισθόφυλλο), σε περίπτωση που ο τίτλος του βιβλίου δεν αναγράφεται ευκρινώς πάνω στην απόδειξη.

Μόλις συμπληρώσετε αγορές βιβλίων αξίας 200 ευρώ, αποκλειστικά των Εκδόσεών μας, κερδίζετε ένα μυθιστόρημα της επιλογής σας εντελώς ΔΩΡΕΑΝ.

ΠΡΟΣΟΧΗ! Οι αποδείξεις πρέπει να ανήκουν όλες στο τρέχον έτος. Σε περίπτωση αγοράς περισσότερων του ενός βιβλίων ζητήστε από το βιβλιοπωλείο σας να τα χτυπήσουν ξεχωριστά, ώστε να αναγράφονται και οι τιμές ξεχωριστά στην απόδειξη.

Στείλτε μας:

- Τις πρωτότυπες αποδείξεις (όχι φωτοτυπίες)
- Ονοματεπώνυμο, τηλέφωνο, αριθμό κάρτας μέλους
- Τον τίτλο του βιβλίου που θέλετε να σας στείλουμε ΔΩΡΕΑΝ.

Εμείς θα σας ενημερώσουμε από ποιο βιβλιοπωλείο της περιοχής σας θα μπορέσετε να παραλάβετε το μυθιστόρημα της επιλογής σας.

Τη διαδικασία αυτή μπορείτε να την επαναλαμβάνετε κάθε φορά που θα συμπληρώνετε αγορές αξίας 200 ευρώ, μέχρι και την ημερομηνία λήξης του διαγωνισμού (ο διαγωνισμός διαρκεί πάντα από 1/1 έως 31/12 του τρέχοντος έτους)!

Ο αναγνώστης που θα δηλώσει το υψηλότερο ποσό αγορών μέχρι το τέλος του έτους θα κερδίσει, εκτός από τα μυθιστορήματα της επιλογής του, και ένα δώρο-έκπληξη!

Τα αποτελέσματα θα ανακοινώνονται στους νικητές γραπτώς καθώς και μέσα από το site μας www.psichogios.gr μέσα στο πρώτο δεκαήμερο του Ιανουαρίου.